はじめに

　本書は、利用者支援専門員（以下、専門員）になりたい人や専門員に相談したい人を対象に、専門員の役割や仕事についてまとめたものです。本書を読むことで、どうしたら専門員になれるの？専門員はどんなことをしているの？心理カウンセラーの仕事と何が違うの？専門員が使う道具とは？というような、専門員に関する基本的なことを網羅的に学ぶことができます。

　子育てを通じて、私たちはたくさんのことを学びます。子どもの育ちを喜び、親としての自覚や意識をもつようになります。しかし、いまは子育てが難しい時代になっています。インターネットには子育てに関するたくさんの情報や意見があふれており、どれが正しいものか、何を信じてよいかわかりづらくなっています。

　また、核家族化によって子育て経験のある人が近くにいないことも多く、地域とのつながりも希薄になっているため、子育てをしている人が孤立しやすい状況にあります。保育所や認定こども園は地域の子育て支援の役割を果たすよう求められていますが、実際は保育士や保育教諭が不足しており、園外の子どもや保護者の対応ができるほど余裕がないのが実情です。

　このように、子育てが難しい時代だからこそ必要になるのが専門員です。専門員は、子育ての問題や悩みを気軽に相談できる身近な存在です。「気軽に」、「身近な」が重要なのです。悩んだり困ったときに、相談するまでに時間がかかったり、相談にしにくい雰囲気の人しかいないというのでは、問題や悩みはいっそう深刻になり、取り返しのつかないことになりかねません。そこで、子育てに関して気軽に相談できる身近な専門家が専門員なのです。専門員は、利用者が問題や悩みを解決するお手伝いをしながら、すべての家庭が子育てを楽しみ、子どもの成長を喜ぶことができるように支援していきます。

　今の時代だからこそ、専門員が重要なのです。読者のみなさんが専門員になって、子育てする家族を支援したり、あるいは利用者として専門員に相談することで悩みが解決したりしますように。それでは、これから専門員について学んでいきましょう。

編著者を代表して
浅井　拓久也

もくじ

はじめに　　　　　　　　　　　　　　　　　　　　　　1

第1章　利用者支援専門員の役割と仕事を学ぼう　　　　　3

第2章　利用者支援専門員の仕事の様子を見よう　　　　　35

第3章　あなたの街の利用者支援専門員に会いに行こう　　49

第4章　厚生労働省による資料を読んでみよう　　　　　　57
　　　　　利用者支援事業　　　　　　　　　　　　　　　58
　　　　　地域子育て支援拠点事業　　　　　　　　　　　97

第1章

利用者支援専門員の
役割と仕事を学ぼう

Q 利用者支援専門員とは？

A 子育ての悩み解決のお手伝いをする身近な相談役です。

解説

　子育てがうまくいかない、家族の関係がギクシャクしている、ママ友とうまく付き合えない、家庭の中の話を気軽に相談できる人がいない。このような悩みは誰にでもあります。そのとき頼りになるのが、利用者支援専門員（以下、専門員）です。どうしたら子育てが楽しいと思えるか、家族の悩みを解決するヒント、ママ友とうまく付き合うコツなどを教える専門家、それが専門員です。

　専門員は、子育て家庭の身近なところにいる相談役です。子育てで悩む家庭がいつでも、気軽に声をかけられる存在です。もちろん、気軽に話せるといっても、子育てや保育に関する専門的な知識と技術をもった専門家です。

　また、専門員は地域のことを隅々まで知りつくしています。あの喫茶店では開店前にママ友が集まって子育て話をしている、あの保育園は隔週日曜日に園庭開放をしているというように、インターネットや行政の窓口ではわからない地域の事情もよく知っています。新しいところに引っ越しすると、友達や知り合いもいないことが多いです。そのようなとき、専門員は、その子育て家庭の友達になりそうな人がどこにいるかという情報を提供するのです。

　このように、専門員は、子育て家庭が悩みや苦しいことがあるとき、気軽に声をかけることができる身近な存在であり、地域の力を使って子育ての悩みを解決するお手伝いをします。誰もが子育てに悩み、試行錯誤する経験をしています。その過程で、子育ての楽しさや子どもの成長の喜び、親としての自覚を味わっていきます。専門員の仕事とは、子育て家庭が一人ぼっちにならないようにしながら、悩みを解決するお手伝いをすることなのです。

🎀 調べてみよう！

　あなたが住んでいる地域の専門員はどこにいて、どのような活動をしているか調べてみましょう。

Q どうしたら専門員になれるのでしょうか？

A 国が定めた研修の受講や実務経験が必要です。

解説

　専門員は、子育ての悩みを気軽に相談できる身近な存在です。しかし、ただの相談相手ではありません。子育て支援の専門家です。だから、専門員になるためには、子育て支援員基本研修と子育て支援員専門研修という研修を修了することと、一定の実務経験が必要です。研修は国が定めた全国共通のカリキュラムに基づいて行われます。

　まず、子育て支援員基本研修では、子どもや子育てを理解するために必要な基本的な知識を学びます。子どもを理解するためには、発達の特徴や発達過程を学ぶ必要があります。保護者や地域の子育て関連施設との連携に関する知識も必要です。基本研修には、こうした基本的な知識を学ぶ講座が用意されています。次に、子育て支援員専門研修には、いくつかコースがあります。専門員になるためには、地域子育て支援コースの利用者支援事業（基本型・特定型）を受講します。ここで、専門員として必要な専門的な知識を学びます。

　また、こうした研修の受講と前後して、一定の実務経験が必要とされます。知識は知っているだけでは十分でありません。社会の中で使いこなすことが重要です。実務経験を通じて、専門員としての経験を積み重ねていくのです。

　ただし、基本研修については、保育士や社会福祉士などの資格を有する人は免除されます。保育士や社会福祉士の資格を得る過程で基本研修と同じようなことを学んでいるからです。また、後に詳しく説明しますが、専門員には基本型、特定型、母子保健型とあります。このうち、母子保健型については子育て支援員研修を受講しても業務を行うことができません。なぜなら、母子保健型を担うのは保健師や助産師であり、それぞれの研修が別に用意されているからです。

> 調べてみよう！

　子育て支援員研修にはどのような講座があるか調べてみよう。
　地域子育て支援コースの利用者支援事業の受講条件も調べてみよう。

Q 利用者支援事業がつくられた経緯とは？

A 地域子育て支援拠点事業から発展的に分離して
つくられました。

解説

　利用者支援事業は、地域子育て支援拠点事業から発展的に分離してつくられました。地域子育て支援拠点事業は2007年に開始され、子育て親子の交流の場を提供したり、子育てに関する相談に応じたりすることを業務としています。

　2013年、地域子育て支援拠点事業は、一般型、連携型、地域機能強化型の3つの類型となりました。一般型や連携型では、子育て親子の交流の場の提供を行い、地域機能強化型は利用者支援や地域連携を行うことになりました。

　翌年、地域機能強化型が利用者支援事業（基本型）に発展的に分離して、利用者支援事業が誕生しました。地域機能強化型をもとにしているので、子育てに悩む家庭や親子の相談に応じたり支援したりする利用者支援と、そうした家庭や親子を地域の中にある子育て支援の施設や制度につなぐ地域連携の2つが業務となります。また、横浜市が取り組んでいた保育コンシェルジュを参考に、子育て当事者が多様な保育形態の中から自分に適した施設や制度を選べるように支援する利用者支援事業（特定型）も用意されました。

　その後、妊娠や出産の支援をする母子保健型を加え、現在の利用者支援事業（基本型・特定型・母子保健型）となったのです。これによって、利用者支援事業は教育・保育・保健に関する子育て支援をする事業となりました。

　一方、地域子育て支援拠点事業は、地域機能強化型を除いたかたちで存続しています。利用者支援事業創設の歴史を振り返ると、2つの事業は制度的にも業務内容的にもとても近い関係にあることがわかります。子育て支援員研修の地域子育て支援コースの中に、利用者支援事業と地域子育て支援拠点事業の両方が含まれているのは、このためなのです。

🗨 調べてみよう！

　利用者支援専門員はどのような事業や制度が、どのように展開して創設されたか調べてみよう。その経緯を年表にしてみよう。

Q 利用者支援事業の3類型の違いとは？

A それぞれの役割や対象者が違います。

解説

　前項（8ページ参照）から、利用者支援事業には3つの類型があることがわかります。いずれにも共通するのは、子育て家庭を支援することです。子育てに関する制度やサービスは条件や手続きが複雑なものが多いため、利用したくてもためらう人も多いでしょう。選択肢は多くあるものの、だからこそ何を選択し、どうしたら利用できるかわかりにくいのです。子育て環境を取り巻く状況が複雑だからこそ、専門員による子育て家庭の支援が重要になります。

　しかし、異なるところもあります。基本型は、子育て家庭が地域の中でその家庭、その親子なりの子育てができるよう幅広く支援します。家庭の相談に応じ、寄り添い、必要な地域資源（14ページ参照）に働きかけ問題が解決できる手助けをします。

　また、基本型では、地域子育て支援拠点事業との連携が重要になります。2つの事業は、制度上は別ですが、利用者支援事業の創設の経緯から相性がよいのです。専門員は、気軽に相談できる身近な存在です。身近なところにいるということが重要ですが、地域子育て支援拠点事業による子育てひろばのような子育て家庭が集える場所にいることで、子育て家庭が相談しやすくなります。また、専門員は保育士やソーシャルワーカーと比べると一般的に認知されていません。子育て家庭が集う場所にいることで、子育て家庭に専門員の存在や役割を知ってもうことができます。このように、子育て家庭の支援のためには、2つの事業の一体的な運営が求められます。

　特定型は、包括的で幅広い子育て支援を行う基本型とは異なり、保育所や子育て施設を利用したい子育て家庭の相談や悩みに対応する仕事です。希望する施設の選択や利用を手助けするガイド役になります。たとえば、引っ越してき

たばかりの家庭はその地域にどのような保育所があるかわからないことがあります。また、待機児童も多く入所できないこともあります。そのようなときに、代わりとなる施設やサービスにはどのようなものがあるかを助言します。特定型は市区町村の窓口が同時に担うことも多いです。

　母子保健型は、妊婦や出産後の女性を支援します。初めて出産するときは不安が大きいものです。また、出産した後でも身体的、精神的につらい時期もあります。このようなときは専門家の支援が必要です。母子保健型では、助産師や保健師が支援を行います。これまでもこうした取り組みは各市区町村で実施されていましたが、利用者支援事業によっていっそうきめ細かく実施されるようになります。

　このように、利用者支援事業の３類型はそれぞれ役割や対象者が異なりますが、市区町村の規模や条件によってはまとめて実施されるなど、運営・実施のありかたは様々です。

調べてみよう！

　あなたの地域では基本型、特定型、母子保健型はどのように実施されているか調べてみよう。母子保健型では、子育て世代包括支援センターの役割についても調べてみよう。

Q 利用者支援事業と地域子育て支援拠点事業の関係とは？

A どちらも相互補完の関係です。

解説

　利用者支援事業は利用者支援と地域連携が主な業務であるのに対して、地域子育て支援拠点事業は地域の中に子育て家庭が集える居場所（子育てひろば）をつくることです。もちろん、利用者と地域をつないだり、地域子育て支援拠点事業の従事者が身近な相談役になったりすることもあります。先に説明したように、利用者支援事業は地域子育て支援拠点事業から発展的に分離したものであるため、似ているところも多くあります。

　実際には、2つの事業は相互補完の関係にあります。まず、専門員は身近なところにいる気軽に相談できる存在です。子育てひろばという日常的に多くの子育て家庭が集う場所にいることで、専門員の存在が認知され、身近な存在となります。専門員は、保育士や幼稚園教諭と比べると多くの人にとってなじみがある存在ではありません。だからこそ、子育てひろばにいて、存在を知ってもらうことが重要です。一方、子育てひろばにとっても専門員がいることで子育てに悩む家庭が足を運びやすくなります。

　次に、専門員は子育て家庭と地域資源をつなぐという支援をします。子育てひろばはすでに地域資源とのつながりがあります。たとえば、児童相談所、保育所や幼稚園、児童館などです。子育てひろばがすでにもっている地域資源を活用すれば、専門員は子育て家庭と地域資源をつなぎやすくなります。子育てひろばにとっても、専門員が子育てひろばのもつ地域資源とつなげるほど、子育てひろばとその地域資源の関係は密接になり、その存在感が増していきます。

　このように、利用者支援事業と地域子育て支援拠点事業は、お互いにメリットのある相互補完的な関係なのです。

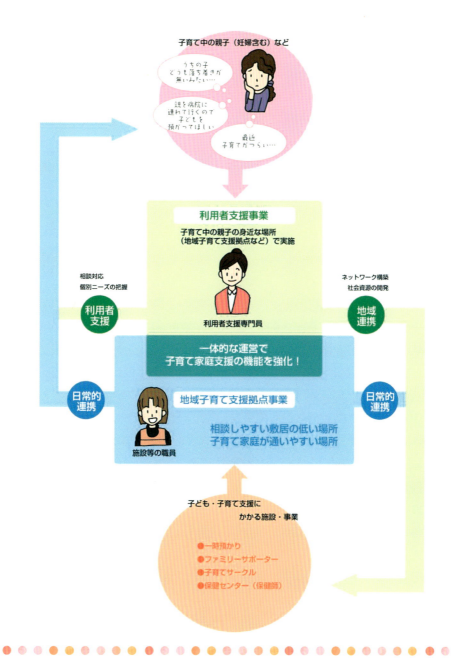

調べてみよう！

　あなたの地域の地域子育て支援拠点事業について調べてみよう。どこにあり、どのような人が従事していますか。専門員についてどのように考えているかインタビューしてみよう。

Q 専門員はどのような仕事をしているのでしょうか？

A 利用者支援と地域連携です。

 解説

　専門員の仕事には、利用者支援と地域連携の2つがあります。利用者支援とは、子育て家庭が子育てしやすくなるように地域資源を選択し活用する支援をすることです。地域資源とは、地域の中にある子育てを支援する施設やサービスのことです。保育所や幼稚園、行政による各種手当などが地域資源です。

　利用者支援を簡単に言うと、子育ての悩みの相談に応じて助言したり、子育てや保育に関する情報の収集・提供をしたりすることです。また、行政の文章は難しく、手続きが複雑なこともあります。そのときは、利用できる施設やサービスの案内や紹介をすることもあります（利用支援といいます）。

　地域連携とは、子育て家庭が地域資源を活用しやすいように、地域と連絡・調整、連携・協働したり、地域資源を開発したりすることです。たとえば、前者では、児童相談所や保育所などの代表者会議に参加したり、研修会を合同開催したりするなどがあります。こうした公式のものだけではなく、不定期に開催する非公式な集まりや情報交換会もあります。こうして、子育てに関わる各種機関とつながることで、連絡・調整、連携・協働が可能になります。

　後者では、地域の中の子育てに関するニーズや課題を発見し、行政や関係団体に伝え、支援体制の確立や政策立案に役立ててもらいます。たとえば、子どもの送迎がないことが保護者の大きな負担になっている、外国人の保護者のための英語表記の書類がほしいなどのような、地域の中にある子育てに関するニーズや課題を発見し、行政や関係団体に伝えます。専門員が地域に密着した存在だからこそ課題に気が付き、発信できることです。

　専門員の仕事は、利用者支援と地域連携を通じて、一人ひとりの子どもが健やかに成長できる、また子育て家庭も子育てや子どもの成長の楽しさを感じることができる地域社会の実現に貢献するものなのです。

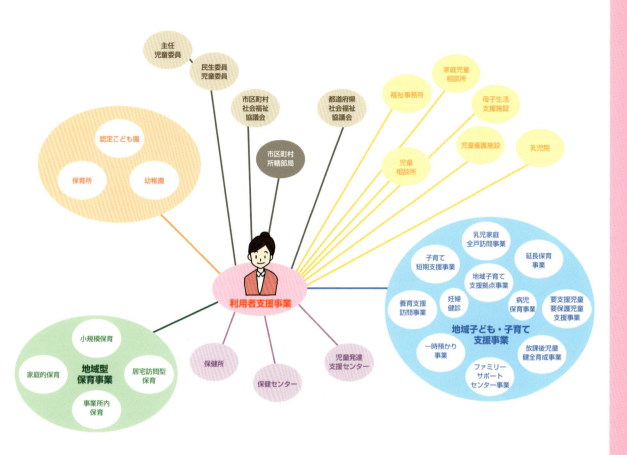

調べてみよう！

あなたが住んでいる地域には、どのような子育ての地域資源がありますか。市区町村のサービスや制度のような公的なものと、民間団体が実施している非公式のものを調べてまとめてみましょう。

Q 専門員に求められる姿勢とは？

A 6つの基本的な姿勢が求められます。

解説

　利用者支援事業の目的や内容をまとめたものとして、「利用者支援事業ガイドライン」（内閣府・文部科学省・厚生労働省）があります（71〜87ページ参照）。このガイドラインによると、利用者支援と地域連携を行うさい、専門員には6つの基本的な姿勢が求められます。

　まず、利用者主体の支援を行うことです。問題を解決する主役は利用者である子育て家庭です。専門員は子育て家庭が問題を解決するお手伝いや支援をするのであって、自らが積極的に解決するのではありません。たとえば、子どもについ叱りすぎてしまうことで自己嫌悪に陥っている母親からの相談に対しては、こうしなさい、子育てはこうあるべきと言うのではありません。夫の協力はあるか、祖父母と同居しているかなど、母親と一緒に生活や家庭の環境を丁寧に整理していきます。子どもへの対応方法、支援を求めることができる施設やサービスを母親と一緒になって探します。このように、専門員がどうしたいか、どうあるべきかではなく、利用者が状況を整理し、解決する問題を明らかにし、解決策を考え取り組む過程を支援するようにします。

　2つ目に、個別的ニーズにあわせた支援をします。そのためには、利用者の生活や家庭の環境を適切に把握することが重要です。たとえば、子育てにつかれてしまい、子どもが嫌いになったという相談があったとします。このとき、親子でお出かけをしたり、一緒に何か活動をしたりしてはどうかという話をする前に、利用者の生活環境や家庭状況の把握に努めます。夫婦の関係はどうか、祖父母と同居しているかなど、子育てを支援してくれる身近な存在がいるかどうかによっても、解決策は変わってきます。家庭の状況も子育ての悩みも各家庭それぞれです。子育て家庭の個別の状況やニーズを的確に理解したうえで支援することが重要です。

　3つ目に、包括的な支援をします。包括的というと難しそうに聞こえますが、問題はいくつかの要因が重なって生じるため、幅広い視点や視野で問題をとら

えて解決の支援をするということです。たとえば、子どもについ手がでてしまうという場合、親と子の関係だけではなく、夫婦関係、親とその親の関係、職場の人間関係など様々な要因が重なって子どもへの暴力となっていることが多いのです。この場合、親と子の関係だけで問題をとらえていたのでは、問題を適切に解決することにはなりません。また、このように複数の要因が重なっている場合、支援も複雑になります。夫婦関係の問題と祖父母の介護の問題に対応する施設やサービスは異なります。複雑な手続きや仕組みのために利用者が支援を受けるさいに困ることがないように、専門員は包括的に支援することが求められます。

　4つ目に、子どもの育ちを見通した継続的な支援です。利用者支援事業の対象者は、生まれる前から学童期以降までの子どもとその家庭です。この間、子どもはそれぞれの発達段階で心身共に変化するため、家庭もそれに対応していく必要があります。一方で、こうした変化の様々な場面で、悩むことや不安に思うこともでてきます。子どもが2歳のときと小学校1年生のときでは子育ての悩みは異なるでしょう。また、子育て家庭と関わる機関も行政の各種サービスや手当も変わります。たとえば、行政は子どもの年齢や所属している機関によって窓口も提出する書類も異なります。子育て家庭は行政から支援を受けるために必要な書類を準備したり各種手続きをしていかなくてはなりません。専門員は、こうした変化の中で生じる子育て家庭の課題やニーズを見通し、子育てが中断したり停滞したりしないように継続的に支援していきます。

　5つ目に、早期の予防的支援です。予防的とは、問題が生じたり悪化すること、再発することを防ぐことを意味しています。子育てに関する悩みや不安は最初は小さなものであることが多いです。それを放置したり適切な対処をしたりしないと、取り返しのつかない大きな問題となります。専門員は気軽に相談できる身近な存在です。だからこそ、日頃から利用者の言葉に耳を傾け、問題が小さなうちに解決の支援をします。予防的支援は、専門員が利用者のすぐそばにいるからこそできることなのです。なお、予防的というのは専門員が事前に先回りして問題を取り除くことではありません。子育て家庭とともに問題が小さな段階から一緒に向き合い、解決の支援をするのです。

　最後に、地域と連携した支援です。専門員は、子育て家庭が自分なりの子育てができるように地域の中にサポート体制をつくっていく支援をします。つまり、家庭と地域資源をむすびつけるのです。地域資源の中には、保健・医療・教育機関や発達支援センター、ハローワークなど公的な機関やサービスがあります。一方で、近隣住民やボランティア、サークル活動など非公式（インフォーマル）な地域資源もあります。利用者は地域に住んでいても、必ずしも地域資源に詳しいとは限りません。それどころか、よく思いつくものや使いや

すいところしか念頭にないこともあります。そのようなとき、専門員は、子育て家庭が多様な地域資源とつながり主体的な子育てができるように、その状況やニーズを十分に理解し支援します。

調べてみよう！

あなたの地域の専門員にインタビューしてみよう。専門員が6つの基本的な姿勢を実際にどのように実施しているかインタビューし、まとめてみましょう。

Q 専門員として最も大事なこととは？

A 正しい問題設定をすることです。

解説

　専門員の基本的な姿勢として6つありました。ほぼすべてに共通するのが、専門員として正しい問題設定をするということです。利用者が、これが問題だ、これに困っているというものをそのまま受け入れるのではなく、本当にこれは問題なのだろうか、本当の問題はどこにあるだろうかと考えるようにします。

　次のような事例を考えてみましょう。子育てに悩む母親から、子どもが嫌いになった、子どもの言葉の遅れが気になるという相談がありました。母親に話を聞いてみると、子どものちょっとした言動がイライラの原因になっていることがわかりました。また、保育所の担任の先生に子どもの言葉の発達が遅いと言われたことも気になっているようです。あなたが専門員なら、どのような助言や支援をするでしょうか。子どもと一緒に活動できるイベントを紹介したり、子どもの発達を支援するセンターの利用について話し合ったりするでしょうか。その場合、あなたは専門員として、子どもへの対応や発達を問題として設定していることになります。問題をかかえている本人がそう言っているのだから問題に違いないのでしょうか。

　しかし、母親の気持ちは受け止めつつ、もう少し話を聞いてみると、最近、夫婦関係が悪いことがわかりました。夫が仕事から帰宅しても口もきかない日々が多くあるそうです。夫婦関係が悪くなった時期とこの母親が子どもを嫌いになったり、子どもが言葉を話さなくなった時期はほぼ同じでした。では、なぜ夫婦関係が悪くなったのでしょう。さらに話を聞くと、ある時期から義理の母の介護をする必要がでてきました。しかし、夫は仕事が忙しく介護まで手が回らない一方、家事や子育てはすべて母親が担当していたことがわかりました。

　さて、ここまでくると最初の問題とは異なる問題がみえてきます。解決すべき問題は、母親がかかえる介護と子育ての二つの負担です。介護の問題を解決するなら、介護士を利用することも選択肢です。子育ての負担を減らすなら、ファミリー・サポート・センターやベビーシッターの利用も考えられます。保育所の延長保育を利用してもよいかもしれません。いずれにしても、最初に考えた解決策である子どもと一緒に活動できるイベントや子どもの発達を支援するセンターは解決策

にはならないということです。それどころか、介護と子育てで苦しんでいる母親にとって、子どもとイベントに行くという選択肢はマイナスでしかないでしょう。なぜなら、イベントに出かけている間、介護は誰がするのかという新たな問題がでてくるからです。この事例では、夫は介護に非協力的でした。

　この事例からわかることは、正しい問題設定をするということです。最初の問題設定は子どもへの対応や発達でしたが、最終的に行き着いた本当の問題は介護と育児の二重負担でした。どちらを問題として設定するかによって解決策も異なります。何より、間違った問題設定をしてしまうと問題は解決しません。それどころか、事態を悪化させるかもしれません。専門員として、正しい問題設定が求められるのです。

大変だけど、明るい兆し…

調べてみよう！

　テレビや新聞で見る子育てに関する問題について考えてみましょう。本当にそれは解決すべき問題なのでしょうか。本当の問題はどこにあるでしょうか。様々な情報を調べて、自分なりの問題設定をしてみましょう。

専門員の相談業務と行政の窓口の相談業務との違いとは？

 専門員は気軽に相談できる身近な存在です。

解説

　専門員も市区町村のような行政の窓口も、子育てに関するあらゆる相談に応じてくれます。では、何が違うのでしょうか。違うところが3つあります。

　まず、関係する法律が違います。市区町村のような行政は、児童福祉法に基づいて実施されている子育てのサービスや取り組みに関する情報提供や斡旋を行います。一方、専門員（利用者支援事業）は子ども・子育て支援法に規定されています。児童福祉法に定められているものだけではなく、地域子ども・子育て支援事業（放課後児童クラブやファミリー・サポート・センターなど）や地域型保育事業（小規模保育や家庭的保育など）に加えて、サークル活動やボランティア活動のようなインフォーマルな取り組みについても情報提供します。とくに、専門員が、これまで行政が対応しにくかった地域の中のサークル活動やボランティア活動に関する情報提供をすることは行政と大きく異なるところです。このため、専門員による支援はきめ細かくなり、子育て家庭それぞれのオーダーメイドの支援になるのです。

　次に、行政の相談業務は、相談を通じた公的機関による直接的な解決が目指されます。相談に応じて、その場で解決策が提示されるのです。あなたが病気になったとき、病院に行き、相談し、診察をしてもらい処方箋をもらうはずです。医師は、相談に応じて直接的な解決をしますが、これと同じです。一方、

専門員は子育て家庭の悩みの相談を受けて、その家庭と一緒に解決策を探します。専門員が解決策を提示するのではないことは、先に説明した通りです。専門員は相談内容に応じて、利用者を地域にある専門機関につなぐ役割を果たします。つまり、間接的な解決をするのです。

　最後に、行政に相談に行くというのは、悩みを抱える人には大きな負担であることがあります。相談したら自分が責められるのではないか、恥ずかしい思いをするのではないか、こんな些細なことを話してよいのだろうかと思う人もいます。また、窓口で相談しているところを見られたくないという人もいます。一方、専門員は敷居の低い、身近な存在です。専門員は常に気軽に相談しやすい環境をととのえています。このため、利用者の何気ない一言から問題の兆しを発見することができ、大きな問題になる前に利用者と一緒に解決に向かうことができるのです。

　このように、同じ相談業務でも行政と専門員では異なります。専門員は、子育て家庭のすぐそばにいて、気軽に声をかけやすい存在なのです。

調べてみよう！

　あなたの住む市区町村の子育てに関する相談窓口を調べて、まとめてみましょう。乳児と幼児、小学生では窓口が異なるでしょう。どこの窓口に行けば、どのような相談に応じてもらえるかについてまとめてみましょう。

Q なぜ専門員は記録を作成しているのでしょうか？
A 支援の質向上に欠かせないからです。

解説

　「利用者支援事業ガイドライン」（内閣府・文部科学省・厚生労働省）には、専門員が相談に応じたり助言をしたさいには必ず記録し、次の支援の資料としたり、関係機関との情報共有に活用したりすることが記されています（71〜87ページ参照）。医師や弁護士のような専門家は必ず記録を作成していますが、子育て支援の専門家として専門員も記録を作成することが必要です。

　では、次の支援の資料とするとはどのようなことでしょうか。先に説明した通り、専門員は子育て家庭の個別的ニーズにあわせた支援、様々な要因を含めた包括的な支援、子どもの育ちや生活の変化に対応した継続的な支援が求められます。その過程では、様々な情報をたくさん処理する必要があります。利用者との会話や様子を丁寧に記録することで、こうした支援が可能になります。私たちの記憶力はあまりあてになりません。丁寧に記録を作成しておくことで、利用者の言葉や反応を忘れる心配もなくなります。こうして、一貫した支援が可能となるのです。また、記録を振り返ることで、自分の支援を振り返り、評価し、改善することにもなります。専門員としての支援の質を高めるために、記録は欠かせないのです。

　また、関係機関との情報共有に活用するとは、専門員同士や他施設との連携のさいに記録をもとにした情報共有をし、各家庭のニーズや状況に応じた支援につなげることです。記録をもとに専門員同士で支援の方法を考えることで、自分一人では考えつかなかったことに気が付くことがあります。伝言ゲームを体験したことがある人ならわかると思いますが、口頭で状況を説明するだけでは情報は正確には伝わらないものです。記録をもとにした会議や話し合いをすることが重要です。

また、専門員は地域の施設と連携して支援します。個人情報の取り扱いには注意を払う必要がありますが、専門員と他の専門家や施設が家庭の状況を共通理解しておくことで、何か問題があったときの対応や連携は円滑で迅速になります。専門員は問題が起きたり支援の必要が生じてから動くのではなく、どうしたらこの家庭が子育てを楽しめるか、どのような地域資源とつながれば子育てが円滑にできるかを日頃から考え続け、家庭と地域をつなぐタイミングを見計らう必要があります。そのためには、問題や支援の必要が生じてからではなく、日頃から地域の関係者と情報共有し、家庭の状況やニーズを共通理解しておく必要があるのです。
　このように、専門員が記録を作成するのは支援の質を高めることにつながるからです。それが、利用者の利益保障になるのです。

調べてみよう！

　専門員の記録にはどのような記録があり、それぞれどのような様式や記入すべき項目があるか調べてみよう。

Q ジェノグラムとは？ エコマップとは？

A 家庭のニーズや状況を正確に把握したり、支援する方法を考えたりするための記録です。

解説

　専門員はジェノグラムとエコマップという記録も作成しています。これは、家庭のニーズや状況の把握、あるいは地域資源を活用した支援の方法を考えるさいに役立つ記録です。

　まず、ジェノグラムとは、家庭内の人間関係を図で表したものです。家族関係の説明を口頭でされても理解しづらいことがあります。ですが、専門員が利用者と一緒にジェノグラムを作成することで、家内の人間関係が明確になります。これをもとに、専門員はさらに質問し、正しい問題のありかを突き止め、支援の方法を考えます。

　ジェノグラムの作り方は、図1にまとめてあります。男性は四角、女性は丸で表します。その中にある数字は年齢を、塗りつぶしてあるかバツ印がついている場合は死亡していることを表しています。また、問題の対象者や中心となる人は二重線を用います。たとえば、図1には、四角の中に45とありますので、45歳の男性を表しています。二重線の丸の中には5とありますので、5歳の女児が問題の対象者であることを表しています。

図1

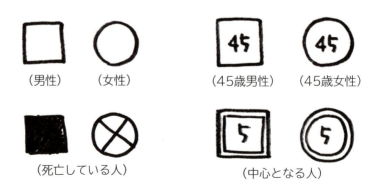

また、図2には、家族関係の表し方がまとめてあります。夫婦関係や親子関係は線で結びます。一本の斜線は別居を、二本の斜線は離婚を表します。これらの斜線の上に書いてある数字は別居や離婚した年月を表しています。また、sは別居（separation）、mは結婚（marriage）、dは離婚（divorce）を意味します。囲みは、その中に含まれている者が同居していることを表しています。

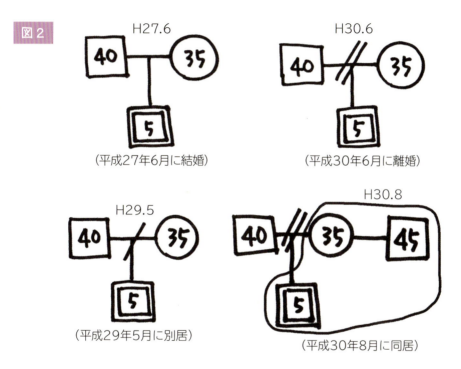

　たとえば、H30.8の前に、結婚の場合は m、離婚の場合は d、別居の場合は s をつけることがあります。

　以上をもとにして、図3のジェノグラムを読み解いてみましょう。この事例では、問題となっているのは5歳の男児です。両親は40歳の父親と35歳の母親で、8歳の姉がいます。父親は母親と結婚する前に、41歳の女性と結婚していました。この2人の間に子どもはいません。男児の両親は平成27年に離婚しています。その後、平成29年に母親は45歳の男性と再婚し、いま1歳の女児がいます。男児の実父と8歳の姉が同居しています。男児は、35歳の母親と再婚相手の45歳の父親、1歳の妹と同居しています。なお、男児の母親には73歳の父親がおり、母親は死亡しています。

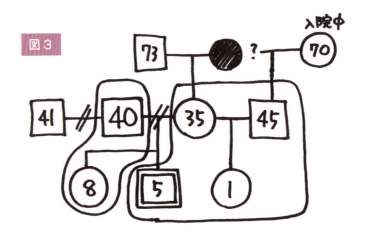

図3

　このように、専門員として適切な支援をするためには、複雑な人間関係を正確に把握する必要があります。利用者とともにジェノグラムを作ることによって、それが可能になるのです。

　次に、エコマップとは、家庭と地域資源の関係を図で表したものです。ジェノグラムが家庭内の関係を表しているのに対して、エコマップは家庭と地域資源の関係を表しています。専門員は利用者と一緒に、その家庭にどのような地域資源が関与しているのか、まだ関与していない地域資源は何かについて、エコマップをみながら話し合い、支援の方法を考えます。利用者と一緒に考えることで、利用者主体の支援になります。また、一緒に考えることで利用者の同意を得やすくなり、支援の効果が期待できます。

　エコマップの作り方は、図4にまとめてあります。エコマップは、ジェノグラムに書き込んでいくことで作ります。まず、普通の関係の場合は線、親しい関係や強いつながりの場合は太い線、希薄な関係の場合は点線で結びます。関係が悪い場合や対立している関係の場合は線路のような線で結びます。

　以上をもとにして、図5のジェノグラムとエコマップを読み解いてみましょう。この事例では、問題の中心にいる5歳の男児は、保育士や35歳の母親とは普通の関係です。保育所の友人Aや祖母とは強い関係で結ばれています。しかし、母親の再婚相手である45歳の父親との関係がよくありません。そこで、子供家庭支援センターや児童相談所が5歳児とその家族（45歳の父親、35歳の母親、1歳の妹）の支援をしています。普通の線で表されているので、現時

図4　　―――――　　―――――　　- - - - -　　+++++
　　　（親しい関係）　（普通の関係）　（希薄な関係）　（対立関係）

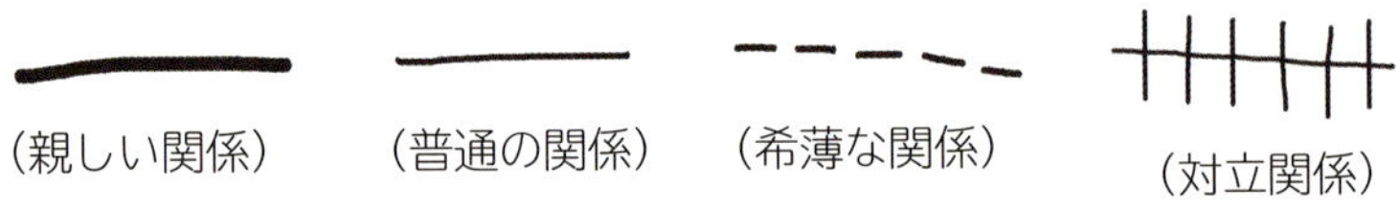

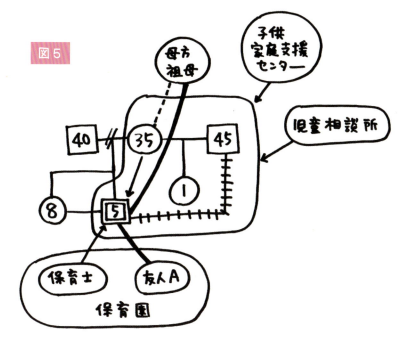

点では強い関わりや支援ではないことがわかります。

　このように、エコマップを作ることで、家庭と地域資源の関係がわかります。この事例では、地域資源として保育所、子供家庭支援センター、児童相談所がありました。しかし、子育てを支援する地域資源は他にもあります。また、関わり方にも様々な程度があります。専門員は利用者と一緒にエコマップをみながら、どのような地域資源が、どの程度使えるかを話し合い、その家族に適した支援の方法を考えていくのです。

調べてみよう！

次の事例でジェノグラムを作成してみましょう。

　「問題となっているのは1歳男児。男児の父は昭和52生まれの29歳、母は昭和51生まれの30歳。男児には3歳の兄がいる。両親は平成13年に結婚したが、平成18年6月に別居した。母は2度の離婚歴があり、最初の夫とは平成8年に夫の家庭内暴力が原因で離婚し、次の夫とは平成12年に夫の浮気が原因で離婚した。2度目の結婚時に女の子が生まれ、現在8歳である。現在は、問題の男児と兄、前夫の子である女児と一緒に生活している。なお、母の父親は平成15年にすい臓がんで死亡した。52歳だった。」

専門員に相談した内容は外部に漏れたりしないのでしょうか？

 専門員には個人情報の保護と守秘義務が課せられています。

　「利用者支援事業ガイドライン」（内閣府・文部科学省・厚生労働省）には、個人情報と守秘義務について「利用者支援専門員は、子どもの『最善の利益』を実現させる観点から、子育て家庭への対応に十分配慮するとともに、正当な理由なく、その業務上知り得た秘密を漏らしてはならない」とあります（85ページ参照）。

　現代社会ではいったん情報が流出すると、完全に回収したり消したりすることは不可能です。専門員は子育ての悩みや家庭内の問題という機密性の高い情報を取り扱う仕事です。利用者のプライバシーや人権に十分配慮した対応が求められます。

　そのために、いくつかすべきことがあります。まず、常勤の専門員はもちろんですが、非常勤職員も含めて個人情報保護に関する研修会や勉強会を定期的に開催して、常に最新の知識を得るようにします。法律や行政の通知は不定期に改訂されますから、関係する法律や通知の動向には常に注意を払い、しっかり学ぶようにします。また、非常勤職員に関しても個人情報保護や守秘義務に関する誓約書を取り交わす必要があります。

　情報管理にも気を配るようにします。紙媒体の書類や記録は施錠付きのロッカーに保存します。パソコンへのログインは個別のIDを使うことで誰が、いつ、どのような情報にアクセスしたかわかるようにします。USBやSDカードのような紛失するリスクの高いものは可能な限り使用しないようにします。このように、情報管理を徹底することが専門員と利用者の信頼関係の構築につながります。

一方で、専門員は地域資源と連携するさいに利用者の情報を共有することがあります。専門員と同じように守秘義務を課されている関係機関や行政担当者との情報共有は積極的に行うようにします。こうすることで、問題が起きたときに専門員も関係機関も迅速に対応することができます。ただし、情報共有するさいは、利用者から事前に同意を得ておくようにします。そうすれば、利用者も安心できますし、専門員との信頼関係もいっそう強くなります。また、関係機関や担当者も安心して利用者に対応できます。

　最後に、ガイドラインにある「正当な理由」とは児童虐待の疑いがある場合です。身体的虐待や性的虐待が疑われるときは、児童相談所や福祉事務所、警察のような関係機関と十分に連絡・連携する必要があります。このようなときは、守秘義務が適用されません。専門員は、子どもを守るために迅速に行動することが求められます。

調べてみよう！

　個人情報保護法について調べてみましょう。個人情報とは何か、保護するとはどのようなことかについてまとめてみましょう。

第2章

利用者支援専門員の
仕事の様子を見よう

実施場所は地域子育て支援拠点・保育所・子ども園・児童館などです。
居心地の良い安心感のある居場所づくりを心がけます。

子育て支援のイベントや行政の情報・幼児クラブ・保育所・地域のインフォーマルな取り組みなど情報提供を積極的に行います。

現状の正確な把握を行うために必要な相談記録等を作成します。
また、関係機関との情報共有や事例検討会などにおいて活用します。

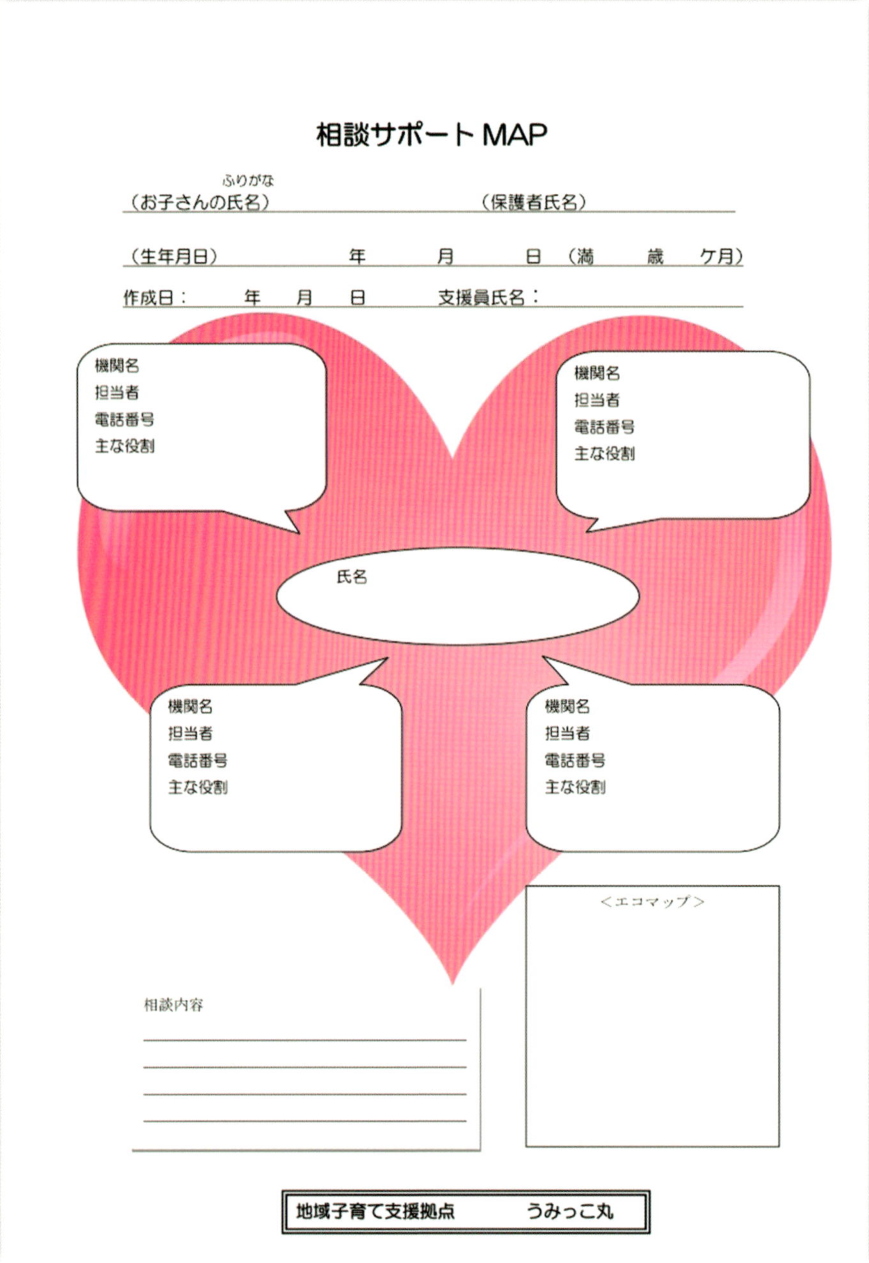

相談サポートMAP

ふりがな
（お子さんの氏名）　　　　　　　　　　（保護者氏名）

（生年月日）　　　　年　　　　月　　　　日（満　　歳　　ケ月）

作成日：　　年　　月　　日　　支援員氏名：

機関名
担当者
電話番号
主な役割

機関名
担当者
電話番号
主な役割

氏名

機関名
担当者
電話番号
主な役割

機関名
担当者
電話番号
主な役割

＜エコマップ＞

相談内容

地域子育て支援拠点　　　うみっこ丸

保護者との信頼関係や安心感につながるよう個人情報の保護や守秘義務の
確認は大切です。

地域子育て支援拠点などの身近な場所で相談を行います。
拠点スタッフとの連携も必要です。

専門的な相談機関での相談とは異なり、日常的に利用する地域子育て支援拠点での相談は、保護者にとって気軽に相談できる安心感につながります。

地域の子育て利用者支援コーディネーターのネットワークを構築して利用者支援事業についての勉強会や情報交換を積極的に行います。

地域ネットワークを活かした各施設への巡回も行います。

●次のような事例についてどのような支援が必要か考えてみよう

自身の親や夫の親ともは離れて暮らす3歳7か月の女の子のいる母親です。夫は仕事の関係で出勤が早く帰宅は午後9時以降となるため、毎日子どもと2人だけの食事となります。離乳食の時期は野菜入りのおかゆなど食べていましたが、普通食になると口にしなくなりました。同じ子育て中の母親たちが集うということで月に1～2回程度、地域子育て支援拠点（以下、拠点）を利用しています。拠点での相談として受けました。

『地域子育て支援拠点など身近な場所で』

　初めは拠点の親子と一緒にみんなで食事をとる機会をつくろうと他の母親たちが協力してくれていましたが、自分の子だけがわがままを言っているようで余計に気持ちが落ち込んでいく様子が見られました。

『子育てママさんたちの協力を見守る』

　そこで利用している拠点だけではなく親子で料理イベントに参加できる別の拠点を紹介したところ同じような悩みを持つ母親と出会うことができ悩みを共有できたようです。

『近隣の地域子育て支援拠点でのイベント等を紹介』

　相談を受けた時期が9月ということもあり、来年4月からは認定こども園に入園させる予定ということで認定こども園の紹介と入園するときには子ども園の先生にも子どもの食事についての相談もしてみると良いのではと伝え安心した様子でした。

事例2

兄弟に小学3年生と1年生の女の子のいる2歳8か月の男の子の母親です。兄弟のお姉ちゃんたちは男の子が大好きでよく面倒を見てくれます。お姉ちゃんたちの子育て中は周りに乱暴な子どもがいませんでしたので、母親自身も戸惑っています。

児童館スタッフからのつながりで相談を受けることになりました。

『状況の把握』

母親は男の子に外遊びをさせたくて週に1回は公園に行っているようです。まずは利用している公園へ一緒に行くことにしてみました。公園にはいつも利用している少々乱暴な子の母親たちも利用しているところでした。そこでその母親たちに拠点でのイベントや施設の情報が載っている通信を渡して拠点を利用してみてはと紹介しました。同じように悩んでいた母親にも拠点でのイベントを紹介しました。

『直接的な支援ではなく間接的な支援を行う』

その後、拠点でのイベントに双方の母親たちが参加することになりました。公園での顔見知りだったということもあり話す機会が増え、拠点での子どもたちの様子を見ながら子育てについての悩みなどを話し合っているようです。また、悩んでいた母親は積極的に地域のイベントへも参加するようになり、子ども同士の関わりも積極的にもてるようになりました。

事例3

事例3

　仲のよいママ友から紹介され、2歳半から拠点を利用している3歳になったばかりの男の子の母親です。拠点は子どもの状況により月に1回程度利用しています。ママ友は毎週のように拠点を利用していますが、母親は子どもがすぐにわがままを言って泣き出すので外出するのをなるべく控えているようです。

『子どもの様子を見ながら母親と雑談』

　ママ友からの情報で家族は夫の両親との同居で、子どもの様子を見て姑はしつけが悪いと母親に言う事が多く、第1子での子育てに悩んでいるようです。拠点で悩みを打ち明けることに戸惑っていた母親の様子を感じた拠点スタッフでどのように声掛けをすれば良いか話し合い、母親に声をかけることにしました。

『子どもの状況だけではなくその背景を考える』

　まずは子どもの様子を見ながら、子どもが興味を示していることは何かを質問しながら「良いところ探し」を一緒にしました。ゆっくりと話を聞いていくうちに一生懸命子育てを頑張っている母親に「お母さん、あなたは良くやっているね。すごいね。」と母親自身の気持ちを吐き出す状況をつくりました。その後、専門的な相談施設ではなく「気になる子どもの発達サロン」など同じ悩みや発達についてお互いに話すことのできるサロンを紹介しました。

『じっくりと話を聞きながら母親の状況を把握する』

　サロンへ参加した母親は少し気持ちが軽くなったようでしたが、やはり発達が気になるということで専門機関や施設を探している様子でした。そこで近隣の専門機関や電話やメールなどで相談できる機関を紹介し母親は安心したようでした。姑にも拠点やサロンの様子を伝えることができ専門機関へも一緒に行くことができるようになったとのことです。

第3章

あなたの街の利用者支援
専門員に会いに行こう

北海道　江別市

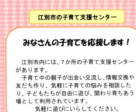

江別市HPより引用　http://www.city.kawachinagano.lg.jp/　子育て支援サイト
子育て支援コーディネーターのご案内リーフレット（PDFファイル／987KB）

青森県　五所川原市

五所川原市HPより引用　　http://www.city.goshogawara.lg.jp/
子育て利用者支援事業1 PDFファイル（706KB）
利用者支援事業2 PDFファイル（704KB）

大阪府　河内長野市

河内長野市HPより引用　http://www.city.kawachinagano.lg.jp/
子育て利用者支援事業　パンフレット（PDF：1.1MB）

大阪府　堺市

堺市HPより引用　http://www.city.sakai.lg.jp/
子育て支援コーディネーターのご案内リーフレット（PDF：967KB）

岡山県　備前市

備前市HPより引用　http://www.city.bizen.okayama.jp/　びぜん子育て情報ネット
子育て支援コーディネーターチラシ

愛媛県　新居浜市

新居浜市HPより引用　https://niihama-city.mamafre.jp/
子育て支援コーディネーターパンフレット（PDFファイル／944KB）

第4章

厚生労働省による
資料を読んでみよう

利用者支援事業 　　地域子育て支援拠点事業

出典：厚生労働省ホームページ　(http://www.mhlw.go.jp/)

利用者支援事業とは

「利用者支援事業」の概要

事業の目的
- 子育て家庭や妊産婦が、教育・保育施設や地域子ども・子育て支援事業、保健・医療・福祉等の関係機関を円滑に利用できるように、身近な場所での相談や情報提供、助言等必要な支援を行うとともに、関係機関との連絡調整、連携・協働の体制づくり等を行う

実施主体
- 市区町村とする。ただし、市区町村が認めた者への委託等を行うことができる。

地域子育て支援拠点事業と一体的に運営することで、市区町村における子育て家庭支援の機能強化を推進

3つの事業類型
- 「基本型」は、「利用者支援」と「地域連携」の2つの柱で構成している。

基本型

【利用者支援】
地域子育て支援拠点等の身近な場所で、
- 子育て家庭等から日常的に相談を受け、個別のニーズ等を把握
- 子育て支援に関する情報の収集・提供
- 子育て支援事業や保育所等の利用に当たっての助言・支援
 →当事者の目線に立った、寄り添い型の支援

【地域連携】
- より効果的に利用者が必要とする支援につながるよう、地域の関係機関との連絡調整、連携・協働の体制づくり
- 地域に展開する子育て支援資源の育成
- 地域で必要な社会資源の開発等
 →地域における、子育て支援のネットワークに基づく支援

《職員配置》専任職員（利用者支援専門員）を1名以上配置
※子ども・子育て支援に関する事業（地域子育て支援拠点事業など）の一定の実務経験を有する者で、子育て支援員基本研修及び専門研修（地域子育て支援コース）の「利用者支援事業（基本型）」の研修を修了した者等

特定型（いわゆる「保育コンシェルジュ」）
- 主として市区町村の窓口で、子育て家庭等から保育サービスに関する相談に応じ、地域における保育所や各種の保育サービスに関する情報提供や利用に向けての支援などを行う

《職員配置》専任職員（利用者支援専門員）を1名以上配置
※子育て支援員基本研修及び専門研修（地域子育て支援コース）の「利用者支援事業（特定型）」の研修を修了している者が望ましい

母子保健型
- 主として市町村保健センター等で、保健師等の専門職が、妊娠期から子育て期にわたるまでの母子保健や育児に関する妊産婦等からの様々な相談に応じ、その状況を継続的に把握し、支援を必要とする者が利用できる母子保健サービス等の情報提供を行うとともに、関係機関と協力して支援プランの策定などを行う

《職員配置》母子保健に関する専門知識を有する保健師、助産師等を1名以上配置

子ども・子育て支援新制度における利用者支援事業の役割について

子ども・子育て支援新制度の趣旨
- 子ども・保護者の置かれている環境に応じ、
- 保護者の選択に基づき、
- 多様な施設・事業者から、
- 良質かつ適切な教育・保育、子育て支援を総合的に提供する体制を確保する。

車の両輪

市町村子ども・子育て支援事業計画

5年間の計画期間における幼児期の学校教育・保育・地域の子育て支援についての需給計画。
（新制度の実施主体として、全市町村で作成。）

・地域全体の子育て家庭のニーズ（潜在的ニーズも含む）を基に「需要」を見込む。

・需要に応じて、多様な施設や事業を組み合わせた、「供給」体制を確保する。

利用者支援事業

・個別の子育て家庭のニーズを把握して、適切な施設・事業等を円滑に利用できるよう支援。（「利用者支援」）

・利用者支援機能を果たすために、日常的に地域の様々な子育て支援関係者とネットワークの構築、不足している社会資源の開発を実施。（「地域連携」）

→ **地域の子育て家庭にとって適切な施設・事業の利用の実現**

利用者支援事業の役割について

子育て中の親子（妊婦含む）など

子ども・子育て支援にかかる施設・事業

声①
「親を病院に連れて行くので、子どもをあずかってほしい…」

声②
「うちの子、よその家庭の子より落ち着きが無い気がする…」

声③
「最近、子育てがしんどいです…」

利用者支援事業

子育て短期支援事業　　一時預かり　　など

指定障害児相談支援事業所　　など

子育てサークル　　保健センター（保健師）　　など

相談対応（来所受付・アウトリーチ）　　助言・利用支援　　ネットワークの構築
個別ニーズの把握　　　　　　　　　　　　　　　　社会資源の開発

日常的に対応　　　　　　　　　　　　　　　　　　　　　　　　　日常的に連携

本事業が行われる施設等の職員　　連携　　子育て中の親子の身近な場所（地域子育て支援拠点など）で実施！　　連携　　本事業が行われる施設等の職員

利用者支援専門員

資料　利用者支援

利用者支援事業の実施について（概要）

府 子 本 第 ８ ３ 号
２７文科初第２７０号
雇 児 発 ０ ５ ２ １ 第 １ 号
平 成 ２ ７ 年 ５ 月 ２ １ 日

一 次 改 正　府 子 本 第 ４ ３ １ 号
２８文科初第４８２号
雇 児 発 ０ ６ ２ ７ 第 １ 号
平 成 ２ ８ 年 ６ 月 ２ ７ 日

各　都道府県知事　殿

内 閣 府 子 ど も ・ 子 育 て 本 部 統 括 官

文 部 科 学 省 初 等 中 等 教 育 局 長

厚 生 労 働 省 雇 用 均 等 ・ 児 童 家 庭 局 長

利用者支援事業の実施について

標記については、今般、別紙のとおり「利用者支援事業実施要綱」を定め、平成２７年４月１日から適用することとしたので通知する。

　ついては、管内市町村（特別区及び一部事務組合を含む。）に対して周知をお願いするとともに、本事業の適正かつ円滑な実施に期されたい。

　なお、本通知の適用に伴い、「利用者支援事業の実施について」（平成２６年５月２９日付け雇児発０５２９第１６号厚生労働省雇用均等・児童家庭局長通知）は廃止する。

別紙

利用者支援事業実施要綱

1　事業の目的

　一人一人の子どもが健やかに成長することができる地域社会の実現に寄与するため、子ども及びその保護者等、または妊娠している方がその選択に基づき、教育・保育・保健その他の子育て支援を円滑に利用できるよう、必要な支援を行うことを目的とする。

2　実施主体

　実施主体は、市町村(特別区及び一部事務組合を含む。以下同じ。)とする。なお、市町村が認めた者へ委託等を行うことができる。

3　事業の内容

　子ども・子育て支援法第５９条第１号に基づき、子ども又はその保護者の身近な場所で、教育・保育・保健その他の子育て支援の情報提供及び必要に応じ相談・助言等を行うとともに、関係機関との連絡調整等を実施する事業（以下「利用者支援事業」という。）。

4　実施方法

　以下の（１）から（３）までの類型の一部又は全部を実施するものとする。

（１）基本型

①目的

　　子ども及びその保護者等が、教育・保育施設や地域の子育て支援事業等を円滑に利用できるよう、身近な場所において、当事者目線の寄り添い型の支援を実施する。

②実施場所

　　主として身近な場所で、日常的に利用でき、かつ相談機能を有する施設での実施とする。

③職員の配置等

　ア　職員の要件等

　　　以下の（ア）及び（イ）を満たさなければならない。

　（ア）「子育て支援員研修事業の実施について」（平成２７年５月２１
　　　　日付雇児発０５２１第１８号）の別紙「子育て支援員研修事業実施要
　　　　綱」（以下「子育て支援員研修事業実施要綱」という。）別表１に定
　　　　める「子育て支援員基本研修」に規定する内容の研修（以下、「基本
　　　　研修」という。）及び別表２－２の１に定める子育て支援員専門研修
　　　　（地域子育て支援コース）の「利用者支援事業（基本型）」に規定す
　　　　る内容の研修（以下「基本型専門研修」という。）を修了しているこ
　　　　と。

　　　　　なお、以下の左欄に該当する場合については、右欄の研修の受講を
　　　　要しない。ただし、中段及び下段に該当する場合には、事業に従事し
　　　　始めた後に適宜受講することとする。

子育て支援員研修事業実施要綱５の（３）のアの（エ）に該当する場合	基本研修
本実施要綱が適用される際に、既に利用者支援事業に従事している場合	基本研修 基本型専門研修
事業を実施する必要があるが、子育て支援員研修事業実施要綱に定める研修をすぐに実施できないなどその他やむを得ない場合	基本研修 基本型専門研修

　（イ）以下に掲げる相談及びコーディネート等の業務内容を必須とする
　　　　市町村長が認めた事業や業務（例：地域子育て支援拠点事業、保育
　　　　所における主任保育士業務　等）の実務経験の期間を参酌して市町
　　　　村長が定める実務経験の期間を有すること。

　　　（a）保育士、社会福祉士、その他対人援助に関する有資格者の場合
　　　　　１年

　　　（b）（a）以外の者の場合　３年

　イ　職員の配置

　　　アを満たす専任職員を、１事業所１名以上配置するものとする。

ウ　その他

　　イを満たした上で、地域の実情により、適宜、業務を補助する職員を配置しても差し支えないものとする。

④業務内容

　以下の業務を実施するものとする。

ア　利用者の個別ニーズを把握し、それに基づいて情報の集約・提供、相談、利用支援等を行うことにより、教育・保育施設や地域の子育て支援事業等を円滑に利用できるよう実施することとする。

イ　教育・保育施設や地域の子育て支援事業等を提供している関係機関との連絡・調整、連携、協働の体制づくりを行うとともに、地域の子育て資源の育成、地域課題の発見・共有、地域で必要な社会資源の開発等に努めること。

ウ　利用者支援事業の実施に当たり、リーフレットその他の広告媒体を活用し、積極的な広報・啓発活動を実施し、広くサービス利用者に周知を図るものとする。

エ　その他利用者支援事業を円滑にするための必要な諸業務を行うものとする。

オ　夜間・休日の時間外相談

　「「待機児童解消に向けて緊急的に対応する施策について」の対応方針について」（平成28年4月7日雇児発0407第2号雇用均等・児童家庭局長通知）に基づき、待機児童解消に向けて緊急的に対応する取組（以下「緊急対策」という。）を実施する市町村において、以下に掲げる取組を実施する場合に別途加算の対象とする。

　　(ｱ)　夜間加算

　　　　原則として1日6時間を超えて開所し、かつ、週3日以上、18時以降の時間帯に2時間以上開所し、相談・助言等を行う。

　　(ｲ)　休日加算

　　　　原則として週4日以上開所し、かつ、土曜日または日曜日・国民の祝日等に開所し、相談・助言等を行う。

（2）特定型

①目的

待機児童の解消等を図るため、行政が地域連携の機能を果たすことを前提に主として保育に関する施設や事業を円滑に利用できるよう支援を実施する。

②実施要件

以下のいずれかの要件を満たす市町村が実施する施設であること。

ただし、1市町村当たりのか所数は、平成25年10月1日、平成26年10月1日又は平成27年10月1日時点の0～5歳児人口を10,000で除して得られた数（小数点以下切上げ）のうち、最も多いものを上限とする。

ア　市町村内の認可保育所及び幼保連携型認定こども園の平成25年10月1日、平成26年10月1日又は平成27年10月1日時点の定員充足率が市町村内全体で100％以上であること。

イ　市町村内の認可保育所及び幼保連携型認定こども園の数が100以上であること。

ウ　平成24年改正前の児童福祉法第56条の8第1項に規定する特定市町村又は平成27年4月1日時点の待機児童数が50人以上であること。

エ　緊急対策を実施していること。

③実施場所

主として市町村窓口での実施とする。

④職員の配置等

ア　職員の要件等

利用者支援事業に従事するにあたっては、子育て支援員研修実施要綱別表1に定める基本研修及び別表2－2の2に定める子育て支援員専門研修（地域子育て支援コース）の「利用者支援事業（特定型）」に規定する内容の研修を修了していることが望ましい。

イ　職員の配置等

（1）のイ及びウに準じることとする。

⑤業務内容

（1）に準じることとする。ただし、（1）④アについてその一部を実施し、（1）④イについて必ずしも実施を要しない。

（3）母子保健型
①目的

　妊娠期から子育て期にわたるまでの母子保健や育児に関する様々な悩み等に円滑に対応するため、保健師等が専門的な見地から相談支援等を実施し、妊娠期から子育て期にわたるまでの切れ目ない支援体制を構築する。

②実施場所

　主として市町村保健センター等母子保健に関する相談機能を有する施設での実施とする。

③職員の配置

　母子保健に関する専門知識を有する保健師、助産師、看護師又はソーシャルワーカー（社会福祉士等）（以下「保健師等」という。）を1名以上配置するものとする。なお、保健師等は専任が望ましい。

④業務内容

　以下の業務を実施するものとする。

ア　妊娠期から子育て期にわたるまでの母子保健や育児に関する相談に対応する。また、保健師等は、妊娠の届出等の機会を通して得た情報を基に、対象地域における全ての妊産婦等の状況を継続的に把握し、妊産婦等の支援台帳を作成することとする。支援台帳については、氏名、分娩予定日、状況等の項目を定め、必要となる情報をすぐ活用できる体制を整えること。

　また、全ての妊産婦等の状況を把握するため、教育・保育・保健施設や地域子育て支援拠点等に出向き、積極的に情報の収集に努めることとする。

イ　アにより把握した情報に基づき、保健師等は、支援を必要とする者が利用できる母子保健サービス等を選定し、情報提供を行うこととする。なお、必要に応じて母子保健サービス等を実施する関係機関の担

当者に直接繋ぐなど、積極的な関与を行うこととする。

ウ　心身の不調や育児不安があることなどから手厚い支援を要する者に対する支援の方法や、対応方針について検討等を実施する協議会又はケース会議等を設け、関係機関と協力して支援プランを策定することとする。

また、支援プランの効果を評価・確認しながら、必要に応じて見直しを行い、妊産婦等を包括的・継続的に支えていくように努めること。

エ　支援を必要とする妊産婦等を早期に把握し、妊産婦等に対して各関係機関が提供する母子保健サービス等の支援が包括的に提供されるよう、保健師等が中心となって関係機関との協議の場を設けるとともに、ネットワークづくりを行い、その活用を図ることとする。

また、妊娠期から子育て期にわたるまでの支援は、本事業に基づく支援のみならず、別添に掲げる様々な母子保健施策による支援や子育て支援も必要であるため、上記の協議の場又は関係機関とのネットワークを通じ、地域において不足している妊産婦等への支援を整備するための体制づくりを行う。

5　関係機関等との連携

実施主体（委託先を含む。以下同じ。）は、教育・保育・保健その他の子育て支援を提供している機関のほか、児童相談所、保健所といった地域における保健・医療・福祉の行政機関、児童委員、教育委員会、医療機関、学校、警察、特定非営利活動法人等の関係機関・団体等に対しても利用者支援事業の周知等を積極的に図るとともに、連携を密にし、利用者支援事業が円滑かつ効果的に行われるよう努めなければならない。

6　留意事項

（1）　利用者支援事業に従事する者は、子どもの「最善の利益」を実現させる観点から、子ども及びその保護者等、または妊娠している方への対応に十分配慮するとともに、正当な理由なく、その業務上知り得た利用者又はその家族の秘密を漏らしてはならない。

さらに、このことにより、同じく守秘義務が課せられた地域子育て支援拠点や市町村の職員などと情報交換や共有し、連携を図ること。

（2）　利用者支援事業に従事する者は、利用者支援事業の実施場所の施設や市町村窓口などの担当者等と相互に協力し合うとともに、利用者支援事業の円滑な実施のために一体的な運営体制を構築すること。

（3）　4に定める各類型は、それぞれ特徴が異なり、いずれの機能も重要であることから、地域の実情に応じて、それぞれの充実に努めること。また、各類型の所管課が異なる場合には、日頃から各所管課同士の連携などに努めること。

（4）　対象者や既存の社会資源が少ない地域等において、複数の自治体が共同して利用者支援事業を実施する際には、都道府県は、広域調整等の機能を担い、全ての子育て家庭に必要な支援が行き届くよう努めること。

（5）　利用者支援事業に従事する者は、有する資格や知識・経験に応じて、本事業を実施するに当たり共通して必要となる知識や技術を身につけ、かつ常に資質、技能等を維持向上させるため、子育て支援員研修実施要綱別表3及び別表4に定めるフォローアップ研修及び現任研修その他必要な各種研修会、セミナー等の受講に努めること。

　　また、実施主体は、利用者支援事業に従事する者のための各種研修会、セミナー等に積極的に参加させるよう努めること。

（6）　利用者支援事業の実施に当たり、児童虐待の疑いがあるケースが把握された場合には、福祉事務所若しくは児童相談所又は児童委員、その他の関係機関と連携し、早期対応が図られるよう努めなければならない。

（7）障害児等を養育する家庭からの相談等についても、市町村の所管部局、指定障害児相談支援事業所等と連携し、適切な対応が図られるよう努め

るものとする。

（8）　教育・保育施設や地域の子育て支援事業等の選択については、利用者の判断によるものとする。

（9）　市町村は、利用者支援事業を利用した者からの苦情等に関する相談窓口を設置するとともに、その連絡先についても周知すること。

7　費　用

利用者支援事業の実施に要する経費について、国は別に定めるところにより補助するものとする。

【別添】

- 女性健康支援センター事業
- 不妊専門相談センター事業
- 妊婦健康診査
- 産婦健康診査
- 両親学級、母親学級
- 新生児訪問指導、妊産婦訪問指導
- 乳幼児健康診査
- 乳児家庭全戸訪問事業
- 養育支援訪問事業
- 養子縁組あっせん　等

利用者支援事業ガイドライン

府政共政第９５０号
２６文科初第７０４号
雇児発１００６第１号
平成２６年１０月６日

一次改正　　府 子 本 第 ８ ５ 号
２７文科初第２５７号
雇児発０５２１第２号
平成２７年５月２１日

各　都道府県知事　殿

内 閣 府 子 ど も・子 育 て 本 部 統 括 官
武　川　　光　夫

文 部 科 学 省 初 等 中 等 教 育 局 長
小　松　　親次郎

厚 生 労 働 省 雇 用 均 等・児 童 家 庭 局 長
安　藤　　よし子

利用者支援事業ガイドラインについて

利用者支援事業の推進については、かねてより特段の御配慮をいただいているところであるが、この度、別紙のとおり「利用者支援事業ガイドライン」を策定したので、通知する。

　今般、「利用者支援事業」は、子ども・子育て支援法（平成二十四年法律第六十四号。以下「法」という。）第五十九条第一号に位置づけられ、平成二十七年四月より本格実施され、事業が各自治体で効果的に実施されることが求められる。

　そのため、本ガイドラインは、利用者支援事業の普及と適正な実施のため、事業の目的や基本的な事業内容等について主として基本型及び特定型について整理したものである。

　法施行後一定期間を経た後に各地域における本事業の実践を踏まえて見直し、母子保健型を含めて、さらに充実させることを予定しているが、それまでの間は本ガイドラインを参考に積極的な事業の実施に努められたい。

　各都道府県におかれては、管内市町村に対して遅滞なく周知し、遺漏のないよう配意いただきたい。

　なお、本通知は、地方自治法（昭和二十二年法律第六十七号）第二百四十五条の四第一項の規定に基づく技術的な助言である。

別紙

利用者支援事業ガイドライン

1．事業目的

　本事業は、子ども・子育て支援法の施行に伴い、同法第五十九条に規定する地域子ども・子育て支援事業の１類型として創設される事業である。

　子ども・子育て支援法では、市町村の責務の１つとして、「子ども及びその保護者が置かれている環境に応じて、子どもの保護者の選択に基づき、多様な施設又は事業者から、良質かつ適切な教育及び保育その他の子ども・子育て支援が総合的かつ効率的に提供されるよう、その提供体制を確保すること」が掲げられている。（同法第二条第一項第三号）

　これを受けて、市町村には、市町村子ども・子育て支援事業計画の策定が義務付けられている。すなわち、潜在的なニーズも含め、地域の「子育て家庭（妊娠している方及びその配偶者を含む）」の多様なニーズを把握し、需要の見込みを立てるとともに、これに応えるべく、多様な施設や事業等を組み合わせ、計画的に供給体制を整備していく仕組みとしている。

　しかしながら、こうした市町村全体としての供給体制の整備だけでは、上記の市町村の責務を十分果たすことは難しい。個別の子育て家庭にとって、自らのニーズを把握し、多様な施設や事業等の中からどれを利用するのが適当なのか自ら判断することは、必ずしも容易なことではない。

　本事業は、「一人一人の子どもが健やかに成長することができる地域社会の実現に寄与する」という大きな目標の下、子育て家庭にとって身近な場所で相談に応じ、その個別のニーズを把握して、適切な施設や事業等を円滑に利用できるよう支援することを内容としている（利用者支援）。また、このような機能を果たすためには、日常的に地域の様々な関係機関や子育て支援団体等（以下、関係機関等）とネットワークを構築し、状況に応じて不足している社会資源を開発していくことも必要である（地域連携）。

　こうした機能を持つ本事業は、市町村が上記の責務を果たし、地域の子育て家庭のニーズを実際の施設や事業等の利用に結び付ける上で、市町村子ども・子育て支援事業計画の策定と「車の両輪」ともなる極めて重要な事業であり、多くの市町村で実施されることが望まれるものである。

2．実施主体

(1)　本事業は、地域子ども・子育て支援事業の１類型であることから、その実施主体は、市町村（特別区を含む。）となる。ただし、市町村が認めた者へ委託等を行うことができる。

(2)　事業の委託等先としては、本事業を適切に行う観点から、少なくとも以下の要件を満たすことが必要である。
　①　必要な研修を受講した従事者（以下本ガイドラインでは、利用者支援事業に従事する者を「利用者支援専門員」という。以下同じ。）を配置するなど、本事業を適正かつ円滑に遂行しうる体制を整えていること。
　②　利用者支援専門員に対して、個人情報保護や守秘義務に関する研修を受講させ、本事業に係る個人情報の具体的な管理方法等についても一定の規程を設けるなど、委託等に係る業務上知り得た個人情報を適切に管理し、秘密を保持するために必要な措置を講じること。

(3)　市町村は、実施主体としての責任を果たす観点から、委託等先との関係について、以下のような点に留意する。
　①　委託等先に対して、本事業を適切に実施するために必要十分な情報提供を行うこと。
　②　委託等先の事業実施状況の把握や指導等により、適正な事業運営を確保すること。

３．対象者

　本事業の対象者は、本事業の各実施地域に居住する、教育・保育施設（認定こども園、幼稚園、保育所）や、地域型保育事業、地域子ども・子育て支援事業、その他の地域の子育て支援事業等を利用しようとしている小学校就学前子どもの子育て家庭を基本としつつ、地域の実情に応じて柔軟に運用される必要がある。

　例えば、保護者等が、子どもの出産まで地域に存在する様々なサービスや支援を必ずしもよく知らないことがあるため、妊娠している方も対象とし、自治体とも連携し本事業の事業者側から積極的にアプローチするなどして、本事業の存在や、将来の支援の可能性を認識・理解してもらうことも重要である。

　また、学童期の子どもを持つ家庭、特別な支援を要する可能性のある子どもを持つ家庭、要支援家庭及び各種支援の場面で「心配」とされる家庭などの状況に応じて、１８歳までの子どもとその保護者・家庭についても事業の対象者とし、必要に応じ、適切に対応することが必要である。

４．事業内容

(1)　基本的姿勢
　事業の実施にあたっての姿勢を以下に示すこととし、具体的な実施内容は(2)以降に示すこととする。
　①　利用者主体の支援

- 子ども・子育て支援法は、一人一人の子どもが健やかに成長することができる社会の実現に寄与することを目的としており、支援にあたっては、「子どもの最善の利益」の実現を常に旨としなければならない。
- 問題解決の主体は利用者自身であり、利用者の意向を尊重し地域資源の状況を考慮しながら、利用者の希望に沿う支援のあり方を利用者と共に検討する。その際、利用者側から状況を捉えるなど、常に利用者主体の姿勢を保つ。
  なお、本ガイドラインにおける「利用者」とは、教育・保育施設や地域の子育て支援事業等の利用者として想定される子ども及びその保護者等、または妊娠している方であって、利用者支援事業の支援の対象となる者であるが、文脈に応じて、「対象者」等として言い換えている。

② 包括的な支援
- 子育て家庭の置かれた状況、ニーズは多様である。複合的な課題を抱える家庭もあり、教育、保育、子育て支援のみではなく、医療・保健等の隣接領域や、地域の関係づくりなども含め、様々な支援が一体的・包括的に提供される必要がある。
- 特に、家庭全体を支援することが必要と考えられる場合には、家庭が抱える課題を構造的に捉えた上で、他領域の関係機関等と連携しながら子育てへの支援の役割を担う。例えば、当該家庭が、高齢者や障害者等の課題を抱えている場合は、そのような機関とも連携・協力しながら家庭を支える必要がある。
- 包括的な支援においては、関係機関等が連携し、支援を行うことが重要である。

③ 個別的ニーズに合わせた支援
- 子育て家庭の置かれた状況、ニーズは多様であるがゆえ、その個別の家庭の状況に即した支援も重要である。
- 支援の前提となるのは、利用する側の視点に立った適切なアセスメントである。
- 既存の制度、施設・事業等に子育て家庭を当てはめようとするのではなく、個別ニーズに合った施設や事業等を提供していくという視点が重要である。
- 子ども・子育て支援法上の施設・事業等だけでなく、隣接する他領域のフォーマルな事業や地域のインフォーマルな取組みも活用し、オーダーメイドでコーディネートされる必要がある。
- 複雑かつ専門的分野の支援を必要とする家庭からの相談対応を円滑に実施するため、本事業は、各専門機関と日頃から緊密に連携し、「つなぎ」の役割を果たすことが重要である。

④ 子どもの育ちを見通した継続的な支援
- 人間のライフサイクルにおいて、発達がもっとも急速に進むのが子どもの時期の特徴である。
- 子ども自身やその保護者等のニーズも恒常的に変化するものであり、子どもの発達を見通しながら、長期的視野に立って、計画的・継続的に支援を行うこ

とが重要である。
- ・ 支援施策は、妊娠期、乳幼児期、学童期などライフサイクルに応じて区切られているものが多いが、切れ目ない支援の提供が必要である。

⑤ 早期の予防的支援
- ・ アウトリーチ型支援も含め、困難な事情を抱えた子育て家庭のニーズをいち早く把握し、予防的な働きかけを行うことは、状態の更なる悪化を防ぐことにもなる。当事者の意向を十分踏まえながら、時には積極的な問題解決を図ることも重要である。

⑥ 地域ぐるみの支援
- ・ 子育て家庭を中心に置いて、個別の家庭の状況に応じた支援を提供するためには、利用者支援専門員や市町村窓口の担当者のみならず、教育、保育、子育て支援をはじめ、医療・保健等の隣接領域のフォーマルなサービス、近隣住民やボランティアなどインフォーマルなサービス、さらには祖父母等親族による支援も含め、それぞれの地域の実情に合った柔軟で多様な取り組みが必要である。
- ・ 「支援する者」と「支援される者」という関係性だけでなく、子育て家庭が本来持っている力を引き出すことにより、自分の得意なことを生かして人とつながりを持ち、自分の生活を豊かなものとしていく、いわゆるエンパワメントの視点も重要である。
- ・ 地域の課題を共有した上で、不足するサービスについては、社会資源を開発していくことも重要である。

(2) 事業類型
- ・ 本事業は、下記(3)～(5)の業務実施を基本としつつ、(3) についてその一部を実施し、(4)について必ずしも実施しない類型も可としている。
- ・ 下記(3)～(5)の業務をすべて実施し、包括的な支援を行う類型を「基本型」、下記(3)～(5)の業務の一部を実施しない類型を「特定型」と呼ぶ。
- ・ 「特定型」については、主として市町村窓口において、子育て家庭のニーズと特定の施設等を適切に結びつけ利用調整を図る「ガイド役」としての機能を想定しており、地域連携については、市町村が有する機能と連携して取り組むことになる。ただし、上記(1)に掲げた「基本的姿勢」は十分理解し、これに則って業務を行う必要がある。

(3) 利用者支援[1]
① 相談
- ・ 子育て家庭のニーズに沿って支援の仕組みを構築するためには、その個別ニーズを把握し、状況を見極めることが出発点となる。

---

[1] 本ガイドラインにおいて、「利用支援」及び「利用者支援」については、以下の意味を指している。
 ・「利用支援」：主に施設・事業の利用を支援（案内・つなぎ）すること。
 ・「利用者支援」：相談、情報提供、利用支援を含む利用者を支援すること全般を指す概念である。

・　多くの子育て家庭にとっては、そのニーズに応じた支援を自ら適切に選択することは必ずしも容易でなく、自らのニーズ自体を的確に認識できない場合も多い。

・　子ども・子育て支援法において、本事業の実施場所は「子ども及びその保護者の身近な場所」と規定されているが、これは、子育て家庭の個別ニーズは、往々にして、愚痴のような何気ない日常の相談から把握されるものであり、そうした相談を行うためには、例えば地域子育て支援拠点や保育所等の保護者等が日常的、継続的に利用できる敷居の低い場所が有効であるためである。

　　【具体的な相談内容例】
　　　・突発的な事情による子どもの預かりに関すること。
　　　・子どもの発達状況に関すること。
　　　・子育てに関する日常的な悩み。　　　　　　　など

・　言い換えれば、本事業では、行政の相談とは視点の異なる、当事者の目線に立った、寄り添い型の支援が必要とされている。

・　子育て家庭の場合、身近な場所であっても通うこと自体に困難が伴う場合もあることから、状況に応じて、地域で開催されている交流の場や各家庭に出向いて相談支援を実施するアウトリーチ型支援を併用することも、有効な手段である。

・　相談を受けて、その子育て家庭が抱えている課題は何か、その背景・要因は何か、それを解消するために何らかのサービスや支援を必要としているのかを見極める必要がある。この際、子育て家庭の主訴と真のニーズが異なる場合も多いこと、家庭全体の状況や取り巻く環境も把握することが重要であることに留意する必要がある。

・　子ども・子育て支援法上の施設・事業等のみならず、医療・保健等の隣接する他の領域のフォーマルな事業、近隣住民やボランティアなどによるインフォーマルな取組みも含め、その子育て家庭に最もふさわしい支援のあり方を提示することが期待されている。

・　行政の窓口を主たる実施場所とし、特定の施設・事業の利用者支援のみを行うことを想定している「特定型」においても、行政における本事業の担当職員は、こうした本事業の特徴・意義を十分理解し、子育て家庭の個別ニーズを引き出しやすい相談姿勢と寄り添い型の支援を心がけるとともに、特定型の利用者支援の守備範囲外の施設・事業等の利用が適当と思われる場合には、速やかにこれらの施設・事業等の担当部局につなぐ必要がある。

②　情報の収集及び提供

・　①の相談を受け、必要な情報を提供し助言するためには、日常的に地域連携機能を通じて、地域ごとの子ども・子育て支援法上の施設・事業等や、隣接する他の領域のフォーマルな事業、あるいは地域のインフォーマルな取組みも含め、地域の子育て支援に関わる社会資源について必要な情報を収集・蓄積し、整理しておく必要がある。

・　具体的には、地域における

ア．教育・保育施設（認定こども園、幼稚園、保育所）

イ．地域型保育事業（小規模保育、家庭的保育、居宅訪問型保育、事業所内保育）

ウ．地域子ども・子育て支援事業（地域子育て支援拠点事業、一時預かり、放課後児童クラブ等）

について、その

A)　施設（名称、種類、所在地）や設置主体・事業主体（自治体、法人、団体の種別）

B)　事業実施時間等（実施日、実施時間、月間スケジュール等）

C)　事業内容

D)　提供形態（施設型・訪問型・出張型の別、無料・有料の別）

等の収集が必要である。

　また、地域に所在する小児科・産婦人科等の医療機関、保健所・保健センター等の保健機関、児童相談所、福祉事務所や自治体の福祉の窓口等の福祉機関、児童・民生委員、母子・父子支援の窓口や機関、DV等の問題に対応する様々な関係機関等についても、その名称（名前）、所在地（居住地）、利用等可能日・時間の情報を収集、整理し、相談時等に必要になった時に備えておく必要がある。

　さらに、本事業の各実施地域に適切な施設や、事業、機関等が所在しない場合もあるため、情報等を必要とする利用者のために、事業実施地域の隣接地域等も含め、ある程度広域での情報収集に努める必要がある。

　収集する情報の範囲については、施設や行政が実施する事業に関する情報に限らず、例えば以下のようなインフォーマルな情報についても幅広く収集し、利用者である子育て家庭に対し提供できるようにすることが望ましい。

（例）

ア．地域の子育て支援団体等の情報（構成員、事業内容、活動時間等）

イ．子育てサークル（構成員の情報、活動内容）

ウ．その他、地域に居住する子育て等に詳しい住民

・　ただし、こうした客観情報の提供だけでは、利用者支援機能として十分とは言えず、地域連携機能を通じて培い蓄積してきた、行政では把握・提供しにくい、子育て家庭に寄り添う視点からの「活きた情報」を提供していく姿勢が重要である。

・　整理した情報の提供方法については、相談時に提示することを基本としつつも、ホームページを活用したり、情報誌を定期的に作成するなど保護者等が閲覧・利用しやすいように、工夫するものとする。

③　助言・利用支援

・　子育て家庭の状況により、②の情報提供のみで終了する場合もあれば、

ア．施設や事業等の利用に当たって必要となる適切な行政窓口の紹介

イ．子育て家庭の状況に応じた子育て支援に関する施設や事業等の提示
ウ．相談の内容を踏まえた、適切な専門機関や子育て支援団体等への仲介
などが必要になる場合もある。
- その際、事業実施要綱の「6留意事項」の（8）にも記載されているように、施設や事業等を利用するか否かや、利用する場合の施設・事業等の選択については、自己決定の尊重の原則に則り、本事業の事業者側が勝手に選択・判断したり、利用者である子育て家庭に選択・判断を迫ったりすることのないよう、十分留意することが必要である。
- また、必要な場合には、行政窓口等への同行や手続申請の支援、利用開始後の状況の確認を行う。
- 相談対応の結果を元に、関係機関が広く連携して支援する必要性を検討すべきと判断される子育て家庭について個別事例ごとに専門家等の関係者が集まるケース会議を開催することが考えられる。ケース会議は、利用者支援専門員、実施場所の職員、市町村窓口の担当者、関係機関の担当者、有識者等を交えて開催する。その際、会議の招集は、市町村が行うことも考えられる。

  なお、要保護児童対策地域協議会（以下「要対協」という。）の対象のケースについては、双方の役割分担に留意し、重複して開催しないようにすることが必要である。

④ 相談等の記録
- 事業を利用する保護者のニーズを把握したり、相談を受けた際には、適切な支援活動と支援活動の継続性の担保や、事例検討、関係機関等との的確な情報共有等のために、得た情報を記録しておくことが重要である。

  本事業における記録には、相談記録や事例経過を記した支援記録と、ケース会議を開催した場合のケース記録が想定される。
  （記録内容の例）
  - 相談記録に関する項目（相談を受けた日付、相談を受けた子育て家庭に関する外形的情報や子育ての状況、相談内容や家庭の意向・希望、支援の方向性等）
  - 支援記録に関する項目（事例の経過、所感、等）
  - ケース会議に関する項目（ケース会議日時や参加者、家族の意向・状態・課題、支援目と具体的支援内容、等）

（4）地域連携
① 関係機関等との連絡・調整、連携、協働の体制づくり
- 子育て家庭の個別ニーズを把握した上で、適切な情報の提供や利用支援ができるようにするためには、子ども・子育て支援法上の施設・事業等、隣接する他の領域のフォーマルな事業、あるいは地域のインフォーマルな取組みも含め、地域で子育て支援に関わる様々な関係機関等と日常的に連絡・調整を行い、協働の体制づくりを行うことが重要である。

- 　例えば、関係機関等の代表者からなる代表者会議を定期的に開催したり、個別事例ごとに専門家等の関係者が集まるケース会議を随時開催することが考えられ、本事業の事業者はその事務局の役割を担うことが考えられる。その際、会議の招集は、市町村が行うことも考えられる。
- 　本ガイドラインにおいて、「ケース会議」とは、要対協の対象とならない、支援を必要とする個別事例に応じて、必要な関係者が参集し、子育て家庭の状況把握や問題点の確認、支援方針や関係者の役割分担の検討・決定等を行う場を想定しており、「代表者会議」は、「ケース会議」で把握された地域課題の集積も踏まえつつ、関係者の間で、地域課題の発見・共有を行った上で、必要に応じ、社会資源の開発等の検討を行う場を想定している。
- 　地域には、すでに子育て支援に関わる様々なネットワークが構築されている場合もある。この場合、必ずしも新たなネットワークを一から作ろうとするのではなく、既存のネットワークと連携を図り、複数のネットワークの橋渡しをするような形で、関係機関等の協働の体制づくりを行うことも考えられる。
- 　関係機関等との密接な連携を図るためには、それらとの信頼関係の構築が重要であり、連携先となる機関等に対し、本事業が法律に基づく市町村事業であることや、その機能・役割や業務内容について、正しい十分な理解を持ってもらうよう、常日頃から積極的な情報提供、説明等に努めることが必要である。また、人事異動等により、相互の担当者の変更等によって、円滑な連携が損なわれることのないよう、継続的な連絡等の関係構築が必要である。
- 　なお、本事業の事業者については、要対協の構成員となることが可能である。同地域協議会を構成する機関は児童福祉法（昭和二十二年法律第百六十四号）第二十五条の五に基づき協議会の外部に対しては守秘義務があるとともに、協議会の構成員間では要保護児童等に関する情報の交換等が期待されていることから、本事業の事業者はこの枠組みを積極的に活用することが望ましい。
- 　特に、発達が気になる子どもついての相談や育児不安のある保護者等からの相談等があった場合には、その内容に応じて適切な専門機関につなぐことが求められる。そのため、関係機関等と普段から緊密に連携を図り、協力体制を築いておくことが求められる。

  【主な連携先関係機関等】

  　　福祉事務所、児童相談所、保健所・保健センター等の保健機関、医療機関、療養機関、児童発達支援センター、児童委員、教育委員会、学校、警察、地域の NPO 法人等の保健・医療・福祉関係の専門機関・団体　等
- 　また、障害児等を養育する家庭からの相談等についても、関係機関等と連携し、適切な対応が図られるよう努めるものとする。

  【主な連携先関係機関等】

  　　市町村の所管部局、指定障害児相談支援事業所　等
- 　さらに、児童虐待の疑いがあるケースが把握された場合には、関係機関等と連携し、早期対応が図られるよう努めなければならない。

【主な連携先関係機関等】

福祉事務所若しくは児童相談所又は児童委員　等

② 地域の子育て資源の育成、地域課題の発見・共有、社会資源の開発等
- 社会資源の在り様は、地域によって様々であり、場合によっては、保護者等が必要とする地域の子育て支援資源の機能が十分でなかったり、当該地域に存在しない事態も想定される。
- 本事業は、制度や既存の社会資源の枠内に子育て家庭のニーズを収めようとするのではなく、子育て家庭を中心に置いて、その個別のニーズに照らして必要となる支援を地域で提供できる体制を整えようとすることに大きな特徴がある。
- このため、地域の子育て支援団体等の有用な資源の育成や、必要だが存在しない社会資源については、地域の子育て当事者や行政、その他の関係者との間で地域課題の発見・共有を行ったうえで、必要に応じて社会資源の開発（従来実施していなかった他の子育て支援に関わる資源の開発など）等を行うことも求められる。
- この際、近隣住民やボランティアなどインフォーマルなサービスの活用も含め、それぞれの地域の実情に合った柔軟で多様な取り組みが必要。多様な地域住民が子育てに関われる仕組みとすることで、地域における子育ての文化や知識の継承などの効果も期待される。

(5) 広報
- 本事業の実施に当たり、積極的な広報・啓発活動を実施し、実施場所、実施日・時間、事業内容、連絡方法、事業内容等について広くサービス利用者に周知を図るものとする。

【広報の方法（例）】
- ホームページの活用や情報誌の定期的な作成その他のメールマガジン、ＳＮＳ等の広告媒体を活用する。
- 利用の手引きを作成し、乳児家庭全戸訪問事業（こんにちは赤ちゃん事業）、新生児訪問等と連携したり、母子健康手帳交付や出生届受理等の機会を活用するなどして配布する。

(6) その他
① 開設日
- 相談等を受け付ける窓口の開設日・開設時間については、地域の実情や保護者等が就労している場合は就労状況を考慮して設定すること。
- なお、本事業の趣旨に鑑みて、利用支援を必要とする者が、いつでも相談できるよう、一週間のうち半分以上の日数を開設することが望ましい。
② 本事業の実施が想定されている施設等との関係
- 子ども・子育て支援法において、本事業の実施場所は「子ども及びその保護

者の身近な場所」と規定され、例えば、地域子育て支援拠点や保育所等が想定されているのは、子育て家庭の個別ニーズが、往々にして、愚痴のような何気ない日常の相談から把握されるものであり、通うのに敷居の低い場所が有効であるためである。

・ このため、利用者支援専門員と、地域子育て支援拠点等の従事する者は、守秘義務等に留意しつつ、相互に協力し合うとともに、事業の円滑な実施のために一体的な運営体制を構築することが必要である。

5．利用者支援専門員

(1) 役割

・ 「特定型」の利用者支援専門員は、保護者等のニーズを把握し、当事者の目線に立って、最適な子育て支援に係る施設や事業等を提案して円滑な利用の手助けをする役割を担う。

・ 「基本型」の利用者支援専門員は、「特定型」の利用者支援専門員の役割に加え、発達が気になる子どもついての相談や育児不安のある保護者等からの相談等があった場合には、直接、個別問題を解決するのではなく、相談者が抱える課題を解決するために早期に適切な専門機関等につなげ、継続的な見守りを行い、また、必要に応じて社会資源の開発等を行うなど、「間接的支援」、「予防的支援」の役割を担う。

「基本型」の職員として求められる役割は、

ア　利用者と地域の子育て資源又は各子育て資源間のコーディネートであり、ソーシャルワーク的なものであること

イ　地域の子育て資源について深い理解や関係者との密な関係構築が必要であること

から、子ども・子育て支援に関する事業の実務経験を有する者であることを基本とする。

・ 利用者支援専門員は、医療・教育・保育施設や地域の子育て支援事業等に従事することができる資格を有している者や、地方自治体が実施する研修もしくは認定を受けた者のほか、育児・保育に関する相談指導等について相当の知識・経験を有する者であって、地域の子育て事情と社会資源に精通した者とする。

(2) 要件

① 基本型

ア　職員の要件等

以下の（ア）及び（イ）を満たさなければならない。

（ア）「子育て支援員研修事業の実施について」（平成２７年５月２１日付雇児発０５２１第１８号）の別紙「子育て支援員研修事業実施要綱」（以下「子育て支援員研修事業実施要綱」という。）別表１に定める「子育て支援員

基本研修」に規定する内容の研修（以下、「基本研修」という。）及び別表
２－２の１に定める子育て支援員専門研修（地域子育て支援コース）の「利
用者支援事業（基本型）」に規定する内容の研修（以下「基本型専門研修」
という。）を修了していること。

　なお、以下の左欄に該当する場合については、右欄の研修の受講を要し
ない。ただし、中段及び下段に該当する場合には、事業に従事し始めた後
に適宜受講することとする。

子育て支援員研修事業実施要綱５の（３）のアの（エ）に該当する場合	基本研修
本実施要綱が適用される際に、既に利用者支援事業に従事している場合	基本研修 基本型専門研修
事業を実施する必要があるが、子育て支援員研修事業実施要綱に定める研修をすぐに実施できないなどその他やむを得ない場合	基本研修 基本型専門研修

　（イ）　以下に掲げる相談及びコーディネート等の業務内容を必須とする市町村
　　　　長が認めた事業や業務（例：地域子育て支援拠点事業、保育所における主
　　　　任保育士業務　等）の実務経験の期間を参酌して市町村長が定める実務経
　　　　験の期間を有すること。
　　　　（a）保育士、社会福祉士、その他対人援助に関する有資格者の場合　　１年
　　　　（b）（a）以外の者の場合　　３年
　イ　職員の配置
　　　アを満たす専任職員を、１事業所１名以上配置するものとする。
　ウ　その他
　　　イを満たした上で、地域の実情により、適宜、業務を補助する職員を配置し
　ても差し支えないものとする。

②　特定型
　ア　職員の要件等
　　　利用者支援事業に従事するにあたっては、子育て支援員研修実施要綱別表１
　　に定める基本研修及び別表２－２の２に定める子育て支援員専門研修（地域子
　　育て支援コース）の「利用者支援事業（特定型）」に規定する内容の研修を修了
　　していることが望ましい。
　イ　職員の配置等
　　　①のイ及びウに準じることとする。

【必要になると思われる知識、技術等】
　・　子育て支援、児童福祉、母子保健等に係る施策の制度内容・事業内容や手

続方法、各地域の実態
- 関係する行政組織や専門機関等の役割・所掌事務・連絡方法等
- 子育て家庭の抱える課題を十分に理解した上で、適切な関係専門機関等につなげ、継続的な見守りを行うために、子どもの発達、障害や母子保健等についての基礎的な知識
- 相談援助の知識・技術
  対人援助の基本、傾聴、アセスメントの力、支援実施にあたって必用となる職業倫理や法令順守事項など。

(3) 体制
- 利用者支援専門員の配置に当たっては、１事業所１名以上の専任の職員を配置するものとする。なお、その上で、地域の実情により、本事業に支障が生じない限りにおいて、業務を補助する者として配置しても差し支えないものとする。
- 利用者支援専門員は単独で事業を担うのではなく、実施場所の施設や子育て支援施策担当職員、市町村窓口の担当者等の関係者と相互に協力し合いながら、事業の円滑な実施のために一体的な運営体制を構築することとする。

(4) 基本型と母子保健型の関係
- 基本型は、身近な立場から当事者目線で、子育て家庭の個別ニーズを把握して、施設や事業等の利用につなげていく機能を担い、母子保健型は保健師や助産師等の専門性を活かして母子保健を中心としたネットワークにつなげる機能がある。
- いずれの機能も重要であるため地域の実情に応じて、両類型を一体的に実施し、妊娠・出産期から子育て期にわたる総合的相談や支援をワンストップで行えるよう、ワンストップ拠点（子育て世代包括支援センター）を整備することが必要である。
- 以下のいずれかのパターンで事業を充実させることが考えられる。
  ア　両類型を同一の施設で一体的に実施
  イ　同一の市町村において、両類型を異なる施設で一体的に実施
  ウ　自市町村では基本型のみを実施する場合には、他市町村で実施している母子保健型と連携することによる実施や、基本型自体に妊産婦の支援機能を充実させることによる実施。
  エ　自市町村では母子保健型のみを実施する場合には、他市町村で実施している基本型と連携することによる実施や、就学前児童などの子育て支援機能を充実させることによる実施。

(5) 研修等
- 本事業に従事する者は、有する資格や知識・経験に応じて、本事業を実施するに当たり共通して必要となる知識や技術、倫理を身につけ、かつ常に資質、技能等を維持向上させるため、必要な各種研修会セミナー等の受講に努めること。

・　本事業の主たる業務である相談対応などは、実際に従事していく過程で、問題や悩みが認識されることがあること、また子育て中の親子をとりまく制度や状況は、日々変わるものであり、常に最新の知識や技能を身につけておく必要があることから、現任研修やフォローアップ研修等にも積極的に参加するよう努めること。

・　実施主体（委託等先を含む。）は、本事業に従事する者のための各種研修会、セミナー等に積極的に参加させるよう努めること。

・　例えば、市町村と事業者が協力して、他の事業者の従事者と交流を持つこと等により、定期的に、相談対応等の振り返りを行うようにする。また、そのことを通じて、特定の利用者支援専門員が抱え込むのではなく、関係者間で情報を共有して連携・協力することで、相談に訪れた保護者等へより良い支援を行えるようにする。

・　家庭児童相談室や社会福祉協議会等のソーシャルワーカーから、職員がスーパービジョンを受ける体制も整えておく必要がある。また、医療、保健、カウンセリング、弁護士等、他領域の専門機関や専門職からコンサルテーションを受けることも視野に入れ、状況に応じて依頼する。

・　市町村と事業者が協力して、必要に応じて外部の専門職や研究者のアドバイスを受けられるようにすることが望ましい。

６．運営

(1) 情報の管理

① 記録の作成及び管理

・　相談・助言の内容については必ず記録を作成し、支援の資料とするほか、関係機関や関係者等との情報共有やケース会議等において活用するようにする。

・　記録の作成、閲覧に関しては、利用者（保護者等）本人の承諾を得ることを原則とする。

・　作成場所、保管方法、保管場所、閲覧権限、保存年限、個人情報に留意した廃棄方法等の記録の管理方法については各自治体の条例や規則等に基づき、ガイドラインを適宜定め、これを事業の利用者支援専門員に周知する。

② 個人情報と守秘義務

・　利用者支援専門員は、子どもの「最善の利益」を実現させる観点から、子育て家庭への対応に十分配慮するとともに、正当な理由なく、その業務上知り得た秘密を漏らしてはならない。

・　利用者支援専門員が業務上知り得た個人情報の適切な管理や秘密の保持のため、以下の対応等により万全を期す。

ア．個人情報の管理（保存期限と廃棄、保管場所、閲覧可能者範囲等）や守秘義務についての規程を定め、これを事業の利用者支援専門員に周知する。

イ．特に利用者支援専門員に対しては、個人情報の管理や守秘義務について研

修等を行い周知徹底する。

　　ウ．非常勤職員の委嘱手続等においては、誓約書を取り交わすことなど、具体的措置を講じる。

・　他方、子育て家庭からの相談に基づいて必要な場合において関係機関と連携する際や、相談内容を関係機関に連絡する場合には、それらの相談内容や置かれた状況に関する情報の共有は必要不可欠であり、個人情報の保護と守秘義務はこれに反するものではないことに留意が必要である。ただしその際、情報共有の相手方にも守秘義務がかけられているか等、最終的に個人情報やプライバシーが守られるかどうかについてはよく注意することが必要である。

(2)　要望や苦情への対応

・　要望や苦情を受け付ける窓口を設け、子育て家庭に周知し、要望や苦情の対応の手順や体制を整備して迅速な対応を図ることとする。

・　苦情対応については、苦情解決責任者、苦情受付担当者、第三者委員の設置や解決に向けた手順の整理等、迅速かつ適切に解決が図られるしくみをつくることとする。

7．その他

・　本事業と関連する事業等として、

①　児童福祉法第二十一条の十一に基づく市町村の本来業務

②　市町村等が行うその他の子ども・子育てに関する相談業務等

がある。

・　①については、児童福祉法第二十一条の九に「子育て支援事業」として限定列挙された一時預かり等について、市町村が保護者に対して情報提供や相談対応、助言を行い、さらに求めがあった場合には、事業者に対しあっせんや調整、要請を行うことが定められたものであり、現在では一般財源化された事業として、各市町村の判断により実施されている。

他方、子ども・子育て支援法に規定される本事業は、児童福祉法上の事業だけでなく、それらを含む地域子ども・子育て支援事業、教育・保育施設、地域型保育事業に加え、隣接する他の領域のフォーマルな事業、あるいは地域のインフォーマルな取組みなど、地域の子育て支援のための資源全体を対象とした子育て家庭の身近な場所において「利用者支援」や「地域連携」を行う事業である。本事業については、市町村が定める市町村子ども・子育て支援事業計画に基づき、各地域でニーズがある場合には必ず実施されることとなっており、財政的に、子ども・子育て支援法に基づく国庫補助により支援されることとなる。したがって、両事業は、趣旨・目的や事業の対象者・内容において一部重複する部分もあるが、異なる事業として、両者が併存してそれぞれ行われることが想定されているものである。本事業には、子育て家庭のニーズをより丁寧に把握し、詳細な情報提供や助言を行うことで、行

政機能の補完も期待されるところであり、両者の相乗効果が期待されている。
- ②については、児童福祉法に基づき、市町村が行っている児童家庭相談や、児童相談所（児童相談員）、児童家庭センター、障害児支援分野における児童発達支援センターや指定障害児相談支援事業所における相談業務のほか、市町村において独自に取り組まれる事業等などがあるが、本事業は、多種多様な課題や悩みを抱える子育て家庭にとっての最初の窓口として、そのニーズを丁寧に把握しつつも、利用者支援専門員が単独で課題等の解決を目指すのではなく、専門機関等と連携することや場合によっては相談をそれら関係機関に適切につなぐことを期待されているものであり、これについても本事業と他事業の相乗効果が期待されるものである。
- 利用者支援は、敷居の低い身近な地域の施設等において相談に応じるのが特徴であり、また、施設や事業等の利用支援のみでなく、地域連携等によって予防的機能を担う機能があることが、公的機関に属する専門職による相談と異なるものである。

以　上

利用者支援事業　平成29年度実施状況

1. 利用者支援事業の実施か所数の推移

（子ども・子育て支援交付金　交付決定ベース）

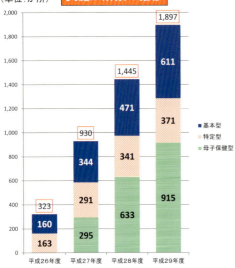

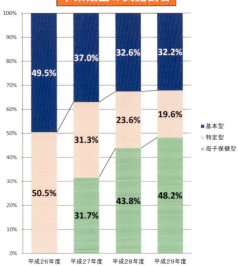

※母子保健型は、平成27年度より実施

2. 利用者支援事業の実施状況 （都道府県別）

都道府県名	基本型	特定型	母子保健型	合計
北海道	35	16	18	69
青森県	3	1	2	6
岩手県	2	4	7	13
宮城県	10	8	13	31
秋田県	3	1	3	7
山形県	4	5	19	28
福島県	8	1	22	31
茨城県	11	8	11	30
栃木県	8	3	16	27
群馬県	2	5	14	21
埼玉県	26	20	49	95
千葉県	39	21	39	99
東京都	85	43	109	237
神奈川県	25	44	51	120
新潟県	10	1	14	25
富山県	5	3	14	22
石川県	11	2	10	23
福井県	6	0	7	13
山梨県	4	1	12	17
長野県	16	0	23	39
岐阜県	6	0	2	8
静岡県	22	13	26	61
愛知県	47	16	45	108
三重県	12	2	39	53
滋賀県	21	6	26	53
京都府	16	10	26	52

都道府県名	基本型	特定型	母子保健型	合計
大阪府	37	29	45	111
兵庫県	20	23	44	87
奈良県	6	1	21	28
和歌山県	7	0	12	19
鳥取県	2	1	11	14
島根県	3	0	6	9
岡山県	8	9	16	33
広島県	16	2	32	50
山口県	5	6	10	21
徳島県	0	3	1	4
香川県	12	0	12	24
愛媛県	7	3	2	12
高知県	1	1	12	14
福岡県	19	15	26	60
佐賀県	5	3	5	13
長崎県	3	3	4	10
熊本県	8	10	10	28
大分県	4	8	3	15
宮崎県	4	3	11	18
鹿児島県	7	5	12	24
沖縄県	0	12	3	15
合　計	611	371	915	1,897

3. 利用者支援事業の実施状況 （うち政令市・中核市別）

	自治体名	基本型	特定型	母子保健型	合計
1	札幌市	19	9	1	29
2	仙台市	2	5	7	14
3	さいたま市	1	7	10	18
4	千葉市	1	5	6	12
5	横浜市	20	18	18	56
6	川崎市	0	9	9	18
7	相模原市	0	3	3	6
8	新潟市	0	0	8	8
9	静岡市	14	3	3	20
10	浜松市	0	5	8	13
11	名古屋市	13	12	16	41
12	京都市	0	7	14	21
13	大阪市	3	13	0	16
14	堺市	7	0	8	15
15	神戸市	0	8	12	20
16	岡山市	0	4	1	5
17	広島市	0	0	8	8
18	北九州市	0	5	7	12
19	福岡市	5	2	7	14
20	熊本市	0	5	6	11
	政令市計	85	120	152	357
1	函館市	0	1	1	2
2	旭川市	1	0	1	2
3	青森市	1	0	0	1
4	八戸市	0	0	0	0
5	盛岡市	0	1	1	2
6	秋田市	1	0	1	2
7	郡山市	0	0	4	4
8	いわき市	5	0	7	12
9	宇都宮市	5	0	1	6
10	前橋市	0	1	1	2
11	高崎市	0	0	6	6
12	川越市	1	1	1	3
13	越谷市	0	1	0	1
14	船橋市	0	3	0	3

	自治体名	基本型	特定型	母子保健型	合計
15	柏市	1	1	3	5
16	八王子市	7	2	3	12
17	横須賀市	0	1	1	2
18	富山市	0	3	7	10
19	金沢市	2	1	4	7
20	長野市	0	0	2	2
21	岐阜市	0	0	0	0
22	豊橋市	1	0	1	2
23	岡崎市	6	0	1	7
24	豊田市	0	0	1	1
25	大津市	1	1	7	9
26	豊中市	1	1	3	5
27	高槻市	0	1	2	3
28	枚方市	0	1	2	3
29	東大阪市	4	1	3	8
30	姫路市	5	1	4	10
31	尼崎市	0	1	0	1
32	西宮市	2	1	1	4
33	奈良市	1	1	1	3
34	和歌山市	1	0	4	5
35	倉敷市	0	3	5	8
36	呉市	2	0	1	3
37	福山市	7	0	12	19
38	下関市	1	1	1	3
39	高松市	4	0	8	12
40	松山市	1	2	0	3
41	高知市	0	1	1	2
42	久留米市	1	0	1	2
43	長崎市	0	0	1	1
44	佐世保市	0	1	1	2
45	大分市	0	3	0	3
46	宮崎市	1	1	7	9
47	鹿児島市	1	4	5	10
48	那覇市	0	0	0	0
	中核市計	64	41	117	222

4. 利用者支援事業の類型別実施割合 （都道府県別）

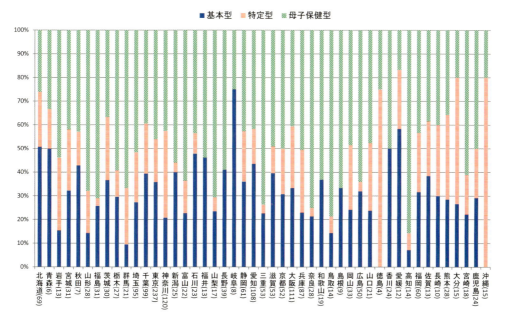

※都道府県名の後ろの（ ）は、利用者支援事業全類型の合計数

5. 利用者支援事業の実施状況 【対前年度】（都道府県別）

都道府県名	基本型			特定型			母子保健型			都道府県名	基本型			特定型			母子保健型		
	H28年度	H29年度	差	H28年度	H29年度	差	H28年度	H29年度	差		H28年度	H29年度	差	H28年度	H29年度	差	H28年度	H29年度	差
北海道	30	35	5	8	16	8	12	18	6	滋賀県	20	21	1	6	6	－	21	26	5
青森県	2	3	1	1	1	－	2	2	－	京都府	14	16	2	3	10	7	22	26	4
岩手県	3	2	-1	3	4	1	2	7	5	大阪府	28	37	9	25	29	4	34	45	11
宮城県	7	10	3	8	8	－	12	13	1	兵庫県	13	20	7	22	23	1	36	44	8
秋田県	3	3	－	1	1	－	3	3	－	奈良県	6	6	－	1	1	－	13	21	8
山形県	2	4	2	5	5	－	11	19	8	和歌山県	4	7	3	－	－	－	5	12	7
福島県	6	8	2	1	1	－	2	22	20	鳥取県	2	2	－	1	1	－	10	11	1
茨城県	8	11	3	8	8	－	5	11	6	島根県	2	3	1	－	－	－	4	6	2
栃木県	7	8	1	4	3	-1	5	16	11	岡山県	6	8	2	9	9	－	9	16	7
群馬県	2	2	－	5	5	－	11	14	3	広島県	12	16	4	1	2	1	15	32	17
埼玉県	21	26	5	16	20	4	19	49	30	山口県	4	5	1	5	6	1	8	10	2
千葉県	33	39	6	20	21	1	22	39	17	徳島県	－	－	－	3	3	－	1	1	－
東京都	65	85	20	39	43	4	90	109	19	香川県	10	12	2	－	－	－	9	12	3
神奈川県	22	25	3	43	44	1	42	51	9	愛媛県	6	7	1	3	3	－	1	2	1
新潟県	10	10	－	2	1	-1	15	14	-1	高知県	－	1	1	1	1	－	4	12	8
富山県	4	5	1	1	3	2	6	14	8	福岡県	14	19	5	16	15	-1	13	26	13
石川県	10	11	1	2	2	－	9	10	1	佐賀県	2	5	3	3	3	－	4	5	1
福井県	4	6	2	－	－	－	5	7	2	長崎県	2	3	1	3	3	－	2	4	2
山梨県	1	4	3	1	1	－	10	12	2	熊本県	7	8	1	10	10	－	7	10	3
長野県	10	16	6	－	－	－	21	23	2	大分県	3	4	1	9	8	-1	1	3	2
岐阜県	6	6	－	－	－	－	2	2	－	宮崎県	2	4	2	3	3	－	9	11	2
静岡県	15	22	7	15	13	-2	22	26	4	鹿児島県	6	7	1	6	5	-1	10	12	2
愛知県	27	47	20	15	16	1	31	45	14	沖縄県	1	－	-1	11	12	1	1	3	2
三重県	9	12	3	2	2	－	35	39	4	合　計	471	611	140	341	371	30	633	915	282

6. 利用者支援事業の実施状況 【対前年度】（うち政令市・中核市別）

	自治体名	基本型			特定型			母子保健型				自治体名	基本型			特定型			母子保健型		
		H28年度	H29年度	差	H28年度	H29年度	差	H28年度	H29年度	差			H28年度	H29年度	差	H28年度	H29年度	差	H28年度	H29年度	差
1	札幌市	19	19	－	－	9	9	1	1	－	15	柏市	－	1	1	1	1	－	－	3	3
2	仙台市	－	2	2	5	5	－	7	7	－	16	八王子市	5	7	2	3	2	-1	3	3	－
3	さいたま市	1	1	－	7	7	－	3	10	7	17	横須賀市	－	－	－	1	1	－	1	1	－
4	千葉市	1	1	－	5	5	－	－	6	6	18	富山市	－	－	－	1	3	2	1	7	6
5	横浜市	18	20	2	18	18	－	18	18	－	19	金沢市	2	2	－	1	1	－	4	4	－
6	川崎市	－	－	－	9	9	－	9	9	－	20	長野市	－	－	－	－	－	－	2	2	－
7	相模原市	－	－	－	3	3	－	3	3	－	21	岐阜市	－	－	－	－	－	－	－	－	－
8	新潟市	－	－	－	－	－	－	8	8	－	22	豊橋市	1	1	－	－	－	－	1	1	－
9	静岡市	9	14	5	3	3	－	2	3	1	23	岡崎市	1	6	5	－	－	－	1	1	－
10	浜松市	－	－	－	7	5	-2	8	8	－	24	豊田市	－	－	－	1	1	－	1	1	－
11	名古屋市	7	13	6	12	12	－	16	16	－	25	大津市	1	1	－	－	－	－	7	7	－
12	京都市	－	－	－	7	7	－	14	14	－	26	豊中市	1	1	－	－	－	－	3	3	－
13	大阪市	3	3	－	13	13	－	－	－	－	27	高槻市	－	－	－	－	－	－	2	2	－
14	堺市	7	7	－	－	－	－	8	8	－	28	枚方市	－	－	－	－	－	－	1	2	1
15	神戸市	－	－	－	8	8	－	12	12	－	29	東大阪市	3	4	1	1	1	－	1	3	2
16	岡山市	－	－	－	4	4	－	1	1	－	30	姫路市	1	5	4	1	1	－	4	4	－
17	広島市	－	－	－	－	－	－	8	8	－	31	尼崎市	－	－	－	1	1	－	－	－	－
18	北九州市	－	－	－	5	5	－	7	7	－	32	西宮市	2	2	－	1	1	－	1	1	－
19	福岡市	2	5	3	5	2	-3	－	7	7	33	奈良市	－	1	1	1	1	－	1	1	－
20	熊本市	－	－	－	－	－	－	－	－	－	34	和歌山市	1	1	－	－	－	－	4	4	－
	政令市計	67	85	18	109	120	11	130	152	22	35	倉敷市	－	－	－	3	3	－	5	5	－
1	函館市	－	－	－	1	1	－	1	1	－	36	呉市	2	2	－	－	－	－	1	1	－
2	旭川市	1	1	－	－	－	－	1	1	－	37	福山市	3	7	4	－	－	－	－	12	12
3	青森市	1	1	－	－	－	－	1	1	－	38	下関市	－	1	1	1	1	－	1	1	－
4	八戸市	－	－	－	－	－	－	－	－	－	39	高松市	4	4	－	－	－	－	5	8	3
5	盛岡市	－	－	－	1	1	－	1	1	－	40	松山市	1	1	－	2	2	－	1	1	－
6	秋田市	1	1	－	－	－	－	1	1	－	41	高知市	－	－	－	－	－	－	－	－	－
7	郡山市	－	－	－	－	－	－	4	4	－	42	久留米市	1	1	－	－	－	－	1	1	－
8	いわき市	5	5	－	－	－	－	7	7	－	43	長崎市	－	－	－	－	－	－	1	1	－
9	宇都宮市	5	5	－	－	－	－	1	1	－	44	佐世保市	－	－	－	－	－	－	1	1	－
10	前橋市	－	－	－	1	1	－	1	1	－	45	大分市	－	－	－	3	3	－	－	－	－
11	高崎市	－	－	－	－	－	－	6	6	－	46	宮崎市	1	1	－	1	1	－	7	7	－
12	川越市	1	1	－	1	1	－	1	1	－	47	鹿児島市	1	1	－	4	4	－	5	5	－
13	越谷市	－	－	－	1	1	－	－	－	－	48	那覇市	－	－	－	－	－	－	1	1	－
14	船橋市	－	－	－	3	3	－	－	－	－		中核市計	45	64	19	39	41	2	71	117	46

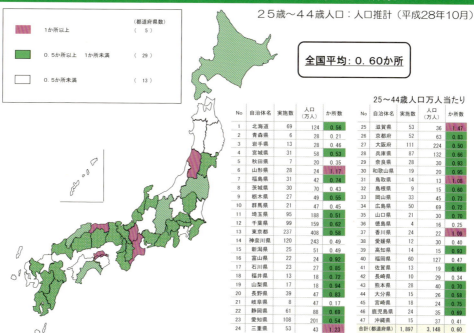

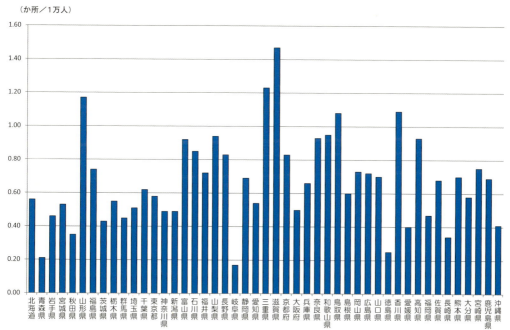

7-3. 25歳〜44歳人口1万人当たりの実施か所数（事業類型別）

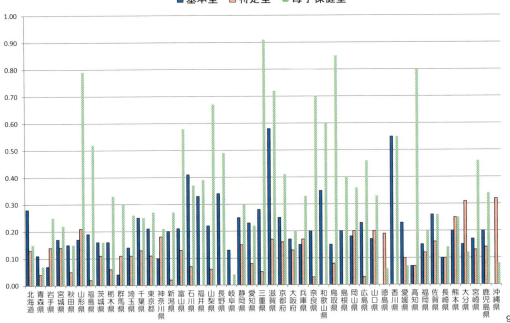

8. 利用者支援事業の実施状況 （運営主体別）

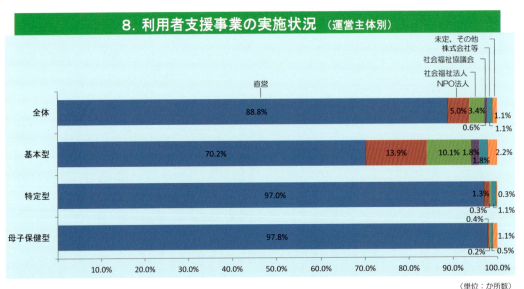

（単位：か所数）

運営主体	直営	NPO法人	社会福祉法人	社会福祉協議会	株式会社等	未定、その他	計
全体	1,684	94	65	11	20	23	1,897
基本型	429	85	62	11	11	13	611
特定型	360	5	1	−	4	1	371
母子保健型	895	4	2	−	5	9	915

利用者支援事業の実施状況　（平成29年度交付決定ベース）

都道府県	実施市町村数	市町村				
群馬県〔35〕	12 (34.3%)	前橋市：②1③1	高崎市：③6	桐生市：①1③1	伊勢崎市：②1③1	沼田市：②1③1
		館林市：③1	渋川市：②1	藤岡市：③1	富岡市：③1	安中市：②1
		みなかみ町：③1	邑楽町：①1			
埼玉県〔63〕	41 (65.1%)	さいたま市：①1②7③10	川越市：①1②1③1	熊谷市：①4③2	川口市：①3③5	行田市：③1
		秩父市：③1	所沢市：①1②1③1	飯能市：①1③1	本庄市：②1	東松山市：①1③1
		狭山市：①1③1	鴻巣市：③1	深谷市：③1	上尾市：②1③1	草加市：②2
		越谷市：③1	戸田市：③1	入間市：③1	朝霞市：③1	志木市：①1③1
		和光市：①4③4	新座市：②1③1	桶川市：①1③1	久喜市：③1	八潮市：③1
		富士見市：③1	坂戸市：①1③1	幸手市：②1③1	鶴ヶ島市：①1③1	日高市：③1
		吉川市：②1	ふじみ野市：①1③1	伊奈町：②1	三芳町：③1	毛呂山町：①1③1
		嵐山町：①1③1	鳩山町：③1	横瀬町：③1	小鹿野町：③1	宮代町：③1
		松伏町：①1				
千葉県〔54〕	29 (53.7%)	千葉市：①1②5③6	銚子市：①1③1	市川市：②2③4	船橋市：②3	館山市：②1
		木更津市：②1	松戸市：①24②1③3	野田市：③1	茂原市：③1	成田市：③1
		佐倉市：①2③4	習志野市：①1②1③1	柏市：①1②1③3	市原市：③1	流山市：③1
		八千代市：①1②1③1	我孫子市：①2③1	鎌ケ谷市：①1③1	君津市：③1	浦安市：③1
		四街道市：②1③1	袖ケ浦市：①1②1③1	富里市：①1	山武市：③1	酒々井町：①1③1
		栄町：①1	長柄町：①1	長生村：①1	大多喜町：③1	
東京都〔62〕	47 (75.8%)	千代田区：①1②1③1	中央区：③2	港区：①2②1③1	新宿区：①7③5	文京区：③2
		台東区：①1③2	墨田区：①14②1③4	江東区：①5②2③4	品川区：②2③3	目黒区：①1②1③2
		大田区：①2③5	世田谷区：①4②5③5	中野区：①6③5	杉並区：①6③5	豊島区：②1③1
		北区：②1	板橋区：①3③6	練馬区：①4②1③7	足立区：①3③6	葛飾区：①2③10
		江戸川区：②4③8	八王子市：①7②2③3	立川市：①1	武蔵野市：①2②1③1	三鷹市：①5②1③1
		青梅市：①1②1③1	府中市：①1②2	昭島市：③1	調布市：①1②1③1	町田市：①5②1③4
		小金井市：②1③1	小平市：③1	日野市：③1	東村山市：①1③1	国分寺市：①2②1③1
		国立市：③1	福生市：②1	狛江市：②1	東大和市：②1③1	清瀬市：③1
		東久留米市：②1	武蔵村山市：③1	多摩市：①7③1	羽村市：②1③1	あきる野市：①1③1
		西東京市：②1	神津島村：③1			

※ 事業類型　①…基本型　②…特定型　③…母子保健型
※ 各事業類型の後の数字…実施箇所数
※ 都道府県名の下の〔　〕の数字…市区町村数
※ 実施市町村数の下の（　）の数字…実施率

利用者支援事業の実施状況　（平成29年度交付決定ベース）

都道府県	実施市町村数	市町村				
神奈川県〔33〕	27 (81.8%)	横浜市：①20②18③18	川崎市：②9③9	相模原市：②3③3	横須賀市：②1③1	平塚市：③1
		鎌倉市：②1	藤沢市：②1③3	小田原市：②1③1	茅ヶ崎市：①1②1③1	逗子市：②1
		秦野市：②1③1	厚木市：②1③1	大和市：①1②2③1	伊勢原市：①1	海老名市：③1
		座間市：②1	南足柄市：②1③1	綾瀬市：③1	葉山町：①1	寒川町：①1③1
		大磯町：②1③1	二宮町：③1	中井町：③1	松田町：③1	開成町：③1
		箱根町：③1	湯河原町：③1			
新潟県〔30〕	9 (30%)	新潟市：③8	長岡市：①8③1	柏崎市：③1	新発田市：②1③1	見附市：③1
		燕市：③1	妙高市：③1	上越市：①1	湯沢町：③1	
富山県〔15〕	11 (73.3%)	富山市：②3③7	高岡市：③1	魚津市：①1③1	氷見市：①1	黒部市：③1
		砺波市：③1	小矢部市：①1	南砺市：③1	射水市：①1③1	立山町：③1
		入善町：③1				
石川県〔19〕	11 (57.9%)	金沢市：①2②1③4	小松市：①1③1	輪島市：①1	加賀市：①1③1	羽咋市：①1
		かほく市：①1③1	白山市：③2	能美市：①1③1	野々市市：②1	津幡町：①1③1
		内灘町：③1				
福井県〔17〕	8 (47.1%)	福井市：①1	敦賀市：①1③1	大野市：③1	勝山市：①1③1	鯖江市：①1③1
		あわら市：②1	越前市：③1	坂井市：①1		
山梨県〔27〕	12 (44.4%)	甲府市：②1③1	富士吉田市：①1③1	都留市：③1	山梨市：③1	韮崎市：①1③1
		南アルプス市：③1	北杜市：①1③1	甲斐市：③1	笛吹市：③1	甲州市：①1
		中央市：③2	富士川町：③1			
長野県〔77〕	25 (32.5%)	長野市：①1	松本市：①2③1	上田市：①1	岡谷市：③1	諏訪市：①1
		須坂市：①1③1	小諸市：③1	伊那市：③1	駒ヶ根市：③1	塩尻市：①1③2
		佐久市：①1③4	東御市：①1③1	安曇野市：③1	軽井沢町：①1	富士見町：①1
		辰野町：①1③1	箕輪町：①1③1	飯島町：①1	南箕輪村：①1	中川村：①1
		生坂村：①1	山形村：①1	池田町：①1	小布施町：①1	信濃町：①1
岐阜県〔42〕	8 (19%)	高山市：①1	多治見市：①1	関市：③1	中津川市：①1	恵那市：①1
		山県市：①1	大野町：①1	池田町：①1		
静岡県〔35〕	22 (62.9%)	静岡市：①14②3③3	浜松市：②5③8	沼津市：③1	三島市：①1③1	伊東市：③1
		島田市：①1③1	富士市：③1	磐田市：③1	焼津市：①2	掛川市：③1
		藤枝市：②1③1	御殿場市：③1	袋井市：②1③1	裾野市：③1	湖西市：②1
		菊川市：③1	牧之原市：③1	函南町：①1	清水町：①1	小山町：①1
		吉田町：③1	森町：③1			

※ 事業類型　①…基本型　②…特定型　③…母子保健型
※ 各事業類型の後の数字…実施箇所数
※ 都道府県名の下の〔　〕の数字…市区町村数
※ 実施市町村数の下の（　）の数字…実施率

利用者支援事業の実施状況

（平成29年度交付決定ベース）

都道府県	実施市町村数	市町村				
愛知県〔54〕	33 (61.1%)	名古屋市：①13②12③16	豊橋市：①1③1	岡崎市：①6③1	一宮市：③3	瀬戸市：②1③1
		半田市：①1③1	春日井市：③1	豊川市：③1	津島市：①3③1	刈谷市：③1③1
		豊田市：③1	安城市：③1	蒲郡市：①3	犬山市：①1③1	常滑市：①1③1
		稲沢市：②1③1	東海市：①1③1	大府市：①1	知多市：①1	知立市：①1③1
		尾張旭市：③1	高浜市：②1③1	岩倉市：③1	豊明市：①1	日進市：①1③1
		愛西市：①1③1	清須市：③1	北名古屋市：①2③1	みよし市：③1	あま市：①1③1
		長久手市：②1③1	豊山町：①1③1	大口町：①1		
三重県〔29〕	17 (58.6%)	津市：①4③10	四日市市：①2②1③1	伊勢市：①1③1	松阪市：③1	桑名市：①2②1
		鈴鹿市：③1	名張市：③16	尾鷲市：③1	鳥羽市：③1	いなべ市：③1
		伊賀市：③1	朝日町：③1	多気町：③1	明和町：③1	大台町：③1
		玉城町：①1③1	紀宝町：③1			
滋賀県〔19〕	17 (89.5%)	大津市：①1②1③7	彦根市：③1	長浜市：③1	近江八幡市：①1③1	草津市：①1②1③1
		守山市：③1	栗東市：③1	甲賀市：①5③2	野洲市：③1	湖南市：①1③1
		高島市：①1③1	東近江市：①6②1③4	米原市：③1	日野町：①1②1③1	竜王町：①1
		愛荘町：③1	甲良町：③1			
京都府〔26〕	19 (73.1%)	京都市：②7③14	福知山市：①1②1③1	舞鶴市：③1	宇治市：①1	宮津市：③1
		亀岡市：①6③1	城陽市：①1③1	向日市：①1③1	長岡京市：③1	八幡市：①1
		京田辺市：②1	京丹後市：③1	南丹市：①2	木津川市：②1③1	久御山町：③1
		井手町：①1	宇治田原町：③1	精華町：③1	与謝野町：①1	
大阪府〔43〕	36 (83.7%)	大阪市：①3②3③13	堺市：①7③8	岸和田市：③1	豊中市：①1②1③3	池田市：②1③1
		吹田市：①1②1③2	泉大津市：①1②1③1	高槻市：②1③2	貝塚市：③1	守口市：②1
		枚方市：①1②1③2	茨木市：①6③1	八尾市：②2③1	富田林市：①1③1	寝屋川市：①2②1
		河内長野市：①1③1	松原市：①1	和泉市：②1③1	箕面市：①1	羽曳野市：③1
		門真市：①1③1	摂津市：③1	高石市：①2③1	東大阪市：①4②1③2	泉南市：①1③1
		四條畷市：①1③1	交野市：①1③1	大阪狭山市：①1③1	阪南市：③1	能勢町：③1
		忠岡町：①1	熊取町：③1	田尻町：①1③1	岬町：②1③1	太子町：③1
		河南町：①1				

※ 事業類型　①…基本型　②…特定型　③…母子保健型
※ 各事業類型の後の数字…実施箇所数
※ 都道府県名の下の〔　〕の数字…市区町村数
※ 実施市町村数の下の（　）の数字…実施率

利用者支援事業の実施状況

（平成29年度交付決定ベース）

都道府県	実施市町村数	市町村				
兵庫県〔41〕	34 (82.9%)	神戸市：②8③12	姫路市：①5②1③4	尼崎市：②1	明石市：①2②1③1	西宮市：①2②1③1
		洲本市：③1	芦屋市：②1③1	伊丹市：①1②1③1	相生市：③1	豊岡市：③1
		加古川市：②1③2	西脇市：①1②1③1	宝塚市：②1③1	三木市：②1③1	高砂市：②1③1
		川西市：②1	小野市：②1③1	三田市：②1③1	加西市：③1	篠山市：③1
		養父市：①2③1	丹波市：①2	朝来市：①2	宍粟市：①1③1	加東市：①1③1
		たつの市：①1③1	猪名川町：①1	稲美町：③1	播磨町：②1③1	福崎町：③1
		神河町：③1	太子町：③1	上郡町：③1	香美町：③1	
奈良県〔39〕	21 (53.8%)	奈良市：①1②1③1	大和高田市：③1	大和郡山市：③1	天理市：③1	橿原市：①1③1
		桜井市：①1③1	五條市：③1	御所市：③1	生駒市：①1③1	香芝市：③1
		葛城市：①1③2	三郷町：③1	斑鳩町：③1	安堵町：③1	川西町：①1
		三宅町：③1	田原本町：③1	高取町：③1	明日香村：③1	王寺町：③1
		広陵町：③1				
和歌山県〔30〕	12 (40%)	和歌山市：①1③4	橋本市：①1③1	有田市：①1③2	御坊市：③1	田辺市：③1
		新宮市：①1	岩出市：①1	かつらぎ町：③1	湯浅町：①1	有田川町：③1
		上富田町：①1	串本町：①1			
鳥取県〔19〕	10 (52.6%)	鳥取市：③2	倉吉市：②1③1	境港市：③1	岩美町：③1	三朝町：③1
		湯梨浜町：③1	琴浦町：③1	日吉津村：③1	大山町：③1	南部町：①1③1
島根県〔19〕	6 (31.6%)	松江市：③1	浜田市：③1	出雲市：③1	江津市：①1③1	雲南市：①1③1
		吉賀町：①1③1				
岡山県〔27〕	15 (55.6%)	岡山市：②4③1	倉敷市：②3③5	津山市：③1	笠岡市：①1	井原市：①1
		総社市：②1③1	高梁市：③1	新見市：③1	備前市：①5	瀬戸内市：③1
		赤磐市：③1	真庭市：①1③1	美作市：③1	早島町：①1③1	勝央町：③1
広島県〔23〕	13 (56.5%)	広島市：③8	呉市：①2③1	竹原市：③1	三原市：①1③1	尾道市：①1③1
		福山市：①7③12	三次市：①1③1	東広島市：①1②1③1	廿日市市：①1③1	府中町：②1③1
		海田町：①2③2	熊野町：③1	坂町：③1		
山口県〔19〕	11 (57.9%)	下関市：①1②1③1	宇部市：③1	山口市：③1	萩市：③1	防府市：②1③1
		下松市：②1③1	岩国市：①1③1	光市：③1	長門市：③1	周南市：①2③1
		山陽小野田市：②1③1				
徳島県〔24〕	4 (16.7%)	徳島市：②1	鳴門市：③1	小松島市：②1	北島町：②1	
香川県〔17〕	10 (58.8%)	高松市：①4③8	丸亀市：①1③1	坂出市：①1	善通寺市：①1③1	さぬき市：①1
		三豊市：①1	小豆島町：①1	三木町：①1③1	綾川町：③1	まんのう町：③1

※ 事業類型　①…基本型　②…特定型　③…母子保健型
※ 各事業類型の後の数字…実施箇所数
※ 都道府県名の下の〔　〕の数字…市区町村数
※ 実施市町村数の下の（　）の数字…実施率

利用者支援事業の実施状況　（平成29年度交付決定ベース）

都道府県	実施市町村数	市町村				
愛媛県〔20〕	7 (35%)	松山市：①1②2	今治市：①2③1	宇和島市：①1	新居浜市：①1②1	伊予市：③1
		四国中央市：①1	東温市：①1			
高知県〔34〕	12 (35.3%)	高知市：②1③1	室戸市：③1	安芸市：③1	南国市：①1③1	土佐市：③1
		須崎市：③1	宿毛市：③1	四万十市：③1	香南市：③1	香美市：③1
		梼原町：③1	日高村：③1			
福岡県〔60〕	28 (46.7%)	北九州市：②5③7	福岡市：①5②2③7	大牟田市：②1	久留米市：①1③1	直方市：③1
		飯塚市：①1	八女市：①1	大川市：②1	行橋市：②1③1	中間市：③1
		小郡市：②1	筑紫野市：①1	春日市：①1②1③1	宗像市：②1③1	みやま市：②1
		糸島市：②1	那珂川町：①1③1	宇美町：②1	志免町：①1	粕屋町：①1③1
		芦屋町：①1	水巻町：①1	小竹町：①1	筑前町：①1	大刀洗町：①1③1
		大木町：①1	福智町：③1	苅田町：③1		
佐賀県〔20〕	9 (45%)	佐賀市：②1	唐津市：①1③1	多久市：①1	伊万里市：②1③1	武雄市：①1③1
		鹿島市：②1	吉野ヶ里町：①1③1	基山町：①1	みやき町：③1	
長崎県〔21〕	7 (33.3%)	長崎市：①1	佐世保市：①1③1	松浦市：①1	五島市：①1	雲仙市：②1
		長与町：①1③1	時津町：②1③1			
熊本県〔45〕	16 (35.6%)	熊本市：②5③6	八代市：①1	人吉市：①1	荒尾市：②1	玉名市：①2③1
		宇城市：①1	天草市：②1	合志市：②1	玉東町：③1	南関町：①1
		長洲町：①1	菊陽町：①1	高森町：③1	御船町：①1	多良木町：①1
		山江村：②1				
大分県〔18〕	11 (61.1%)	大分市：②3	中津市：②1③1	日田市：②1	臼杵市：③1	竹田市：①1
		豊後高田市：①1	杵築市：①1③1	宇佐市：①1	豊後大野市：②1	由布市：②1
		日出町：①1				
宮崎県〔26〕	8 (30.8%)	宮崎市：①1②1③7	延岡市：①1②1	小林市：②1③1	日向市：③1	綾町：③1
		高鍋町：①1	諸塚村：①1	高千穂町：③1		
鹿児島県〔43〕	12 (27.9%)	鹿児島市：①1②4③5	鹿屋市：③1	枕崎市：①1③1	出水市：①1③1	垂水市：③1
		薩摩川内市：②1③1	霧島市：③1	南さつま市：①1	奄美市：①1③1	伊佐市：③1
		さつま町：①1	与論町：①1			
沖縄県〔41〕	13 (31.7%)	宜野湾市：②1③1	浦添市：②1	名護市：②1	糸満市：②1	沖縄市：②1
		豊見城市：②1	宮古島市：①1	今帰仁村：②1	恩納村：②1③1	嘉手納町：②1
		北谷町：②1	南風原町：②1	八重瀬町：②1		

※　事業類型　①…基本型　②…特定型　③…母子保健型
※　都道府県名の下の〔　〕の数字…市区町村数
※　各事業類型の後の数字…実施箇所数
※　実施市町村数の下の（　）の数字…実施率

地域子育て支援拠点事業とは

地域子育て支援拠点事業

背景
- 3歳未満児の約6〜7割は家庭で子育て
- 核家族化、地域のつながりの希薄化
- 自分の生まれ育った地域以外での子育ての増加
- 男性の子育てへの関わりが少ない
- 児童数の減少

課題
- 子育てが孤立化し、子育ての不安感、負担感
- 子どもの多様な大人・子どもとの関わりの減
- 地域や必要な支援とつながらない

地域子育て支援拠点の設置
子育て中の親子が気軽に集い、相互交流や子育ての不安・悩みを相談できる場を提供

地域子育て支援拠点

4つの基本事業
① 子育て親子の交流の場の提供と交流の促進
② 子育て等に関する相談、援助の実施
③ 地域の子育て関連情報の提供
④ 子育て及び子育て支援に関する講習等の実施

○更なる展開として
- 地域の子育て支援活動の展開を図るための取組（一時預かり等）
- 地域に出向き、出張ひろばを開設
- 高齢者等の多様な世代との交流、伝統文化や習慣・行事の実施　等

- 公共施設や保育所、児童館等の**地域の身近な場所**で、乳幼児のいる子育て中の親子の交流や育児相談、情報提供**等を実施**
- ＮＰＯなど多様な主体の参画による地域の支え合い、子育て中の当事者による支え合いにより、**地域の子育て力を向上**

28年度実施か所数（交付決定ベース）
7,063か所

地域子育て支援拠点事業の概要

	一般型	連携型
機能	常設の地域の子育て拠点を設け、地域の子育て支援機能の充実を図る取組を実施	児童館等の児童福祉施設等多様な子育て支援に関する施設に親子が集う場を設け、子育て支援のための取組を実施
実施主体	市町村（特別区を含む。） （社会福祉法人、NPO法人、民間事業者等への委託等も可）	
基本事業	①子育て親子の交流の場の提供と交流の促進 ③地域の子育て関連情報の提供	②子育て等に関する相談・援助の実施 ④子育て及び子育て支援に関する講習等の実施
実施形態	①〜④の事業を子育て親子が集い、うち解けた雰囲気の中で語り合い、相互に交流を図る常設の場を設けて実施 ・地域の子育て拠点として地域の子育て活動の展開を図るための取組（加算） 　一時預かり事業や放課後児童クラブなど多様な子育て支援活動を拠点施設で一体的に実施し、関係機関等とネットワーク化を図り、よりきめ細かな支援を実施する場合に、「地域子育て支援拠点事業」本体事業に対して、別途加算を行う ・出張ひろばの実施（加算） 　常設の拠点施設を開設している主体が、週1〜2回、1日5時間以上、親子が集う場を常設することが困難な地域に出向き、出張ひろばを開設 ・地域支援の取組の実施（加算）※ ①地域の多様な世代との連携を継続的に実施する取組 ②地域の団体と協働して伝統文化や習慣・行事を実施し、親子の育ちを継続的に支援する取組 ③地域ボランティアの育成、町内会、子育てサークルとの協働による地域団体の活性化等地域の子育て資源の発掘・育成を継続的に行う取組 ④家庭に対して訪問支援等を行うことで地域とのつながりを継続的に持たせる取組 ※利用者支援事業を併せて実施する場合は加算しない。	①〜④の事業を児童館等の児童福祉施設等で従事する子育て中の当事者や経験者をスタッフに交えて実施 ・地域の子育て力を高める取組の実施（加算） 拠点施設における中・高校生や大学生等ボランティアの日常的な受入・養成の実施
従事者	子育て支援に関して意欲があり、子育てに関する知識・経験を有する者（2名以上）	子育て支援に関して意欲があり、子育てに関する知識・経験を有する者（1名以上）に児童福祉施設等の職員が協力して実施
実施場所	公共施設空きスペース、商店街空き店舗、民家、マンション・アパートの一室、保育所、幼稚園、認定こども園等を活用	児童館等の児童福祉施設等
開設日数等	週3〜4日、週5日、週6〜7日／1日5時間以上	週3〜4日、週5〜7日／1日3時間以上

地域子育て支援拠点事業　平成29年度実施状況

1．地域子育て支援拠点事業の実施か所数の推移　【事業類型別】

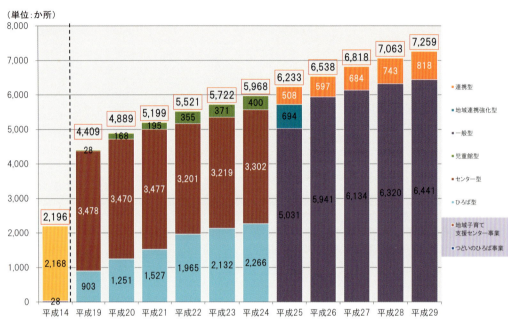

2．地域子育て支援拠点事業の実施状況　【都道府県別】

No	自治体名	小計	一般型 3〜4日型	5日型	6〜7日型	出張ひろば	経過措置	小計	連携型 3〜4日型	5〜7日型	総計
1	北海道	292	41	177	48	7	19	74	64	10	366
2	青森県	98	35	17	41	2	3	5	5	0	103
3	岩手県	84	10	54	18	1	1	2	1	1	86
4	宮城県	114	6	90	15	3	0	35	18	17	149
5	秋田県	59	4	27	20	0	8	1	1	0	60
6	山形県	94	6	59	25	2	2	5	0	5	99
7	福島県	109	6	52	43	5	3	3	0	3	112
8	茨城県	258	38	173	27	9	11	4	0	4	262
9	栃木県	96	9	66	17	2	2	2	0	2	98
10	群馬県	129	3	114	11	0	1	6	0	6	135
11	埼玉県	437	101	230	88	15	3	30	11	19	467
12	千葉県	296	45	156	77	9	9	24	4	20	320
13	東京都	348	34	157	144	13	0	119	53	66	467
14	神奈川県	236	59	140	18	4	15	29	29	0	265
15	新潟県	210	10	163	30	1	6	16	1	15	226
16	富山県	72	1	59	11	0	1	7	3	4	79
17	石川県	73	11	42	16	2	2	7	0	7	80
18	福井県	53	2	34	10	3	4	4	2	2	57
19	山梨県	64	4	47	12	1	0	4	2	2	68
20	長野県	144	24	88	25	3	4	16	14	2	160
21	岐阜県	115	16	72	14	3	10	5	1	4	120
22	静岡県	232	22	152	34	24	0	8	5	3	240
23	愛知県	301	45	218	32	3	3	59	20	39	360
24	三重県	122	29	75	12	2	4	2	0	2	124
25	滋賀県	87	17	62	8	0	0	2	2	0	89
26	京都府	134	20	77	25	6	6	132	0	132	266
27	大阪府	419	65	303	46	5	0	1	0	1	420
28	兵庫県	197	37	101	47	10	2	131	118	13	328
29	奈良県	71	8	53	6	4	0	8	3	5	79
30	和歌山県	54	2	49	1	1	1	2	2	0	56
31	鳥取県	42	1	30	6	0	5	1	0	1	43
32	島根県	42	5	25	12	0	0	0	0	0	42
33	岡山県	114	9	69	25	8	3	9	5	4	123
34	広島県	143	27	80	27	2	7	2	0	2	145
35	山口県	109	35	51	12	5	6	2	2	0	111
36	徳島県	51	7	37	5	1	1	0	0	0	51
37	香川県	92	3	65	11	10	3	1	0	1	93
38	愛媛県	76	3	57	15	1	0	11	8	3	87
39	高知県	42	3	38	0	1	0	0	0	0	42
40	福岡県	148	20	78	39	8	3	3	0	3	151
41	佐賀県	53	15	30	7	1	0	3	3	0	56
42	長崎県	104	24	50	23	4	3	11	0	11	115
43	熊本県	120	26	62	22	3	7	1	0	1	121
44	大分県	69	8	33	24	4	0	1	1	0	70
45	宮崎県	57	13	26	16	2	0	14	14	0	71
46	鹿児島県	97	13	42	34	6	2	5	0	5	102
47	沖縄県	84	10	51	17	3	3	11	1	10	95
	合計(都道府県)	6,441	932	3,931	1,216	199	163	818	407	411	7,259

一般型　　6,441か所
連携型　　　818か所
　合計　　7,259か所

３．地域子育て支援拠点事業の実施状況　【うち政令市・中核市別】

No	自治体名	小計	一般型 3〜4日型	5日型	6〜7日型	出張ひろば	経過措置	小計	連携型 3〜4日型	5〜7日型	総計
1	札幌市	39	16	10	10	3	0	60	60	0	99
2	仙台市	34	0	29	5	0	0	27	18	9	61
3	さいたま市	64	31	12	21	0	0	0	0	0	64
4	千葉市	21	0	7	13	1	0	0	0	0	21
5	横浜市	119	43	71	4	0	1	0	0	0	119
6	川崎市	27	0	27	0	0	0	26	26	0	53
7	相模原市	14	0	4	0	0	10	3	3	0	17
8	新潟市	47	0	44	3	0	0	12	0	12	59
9	静岡市	18	0	16	2	0	0	2	1	1	20
10	浜松市	49	5	16	4	24	0	0	0	0	49
11	名古屋市	105	4	98	1	2	0	17	16	1	122
12	京都市	52	0	37	15	0	0	131	0	131	183
13	大阪市	108	0	107	1	0	0	0	0	0	108
14	堺市	40	14	25	1	0	0	0	0	0	40
15	神戸市	21	2	19	0	0	0	118	118	0	139
16	岡山市	22	0	14	8	0	0	5	5	0	27
17	広島市	17	1	13	3	0	0	0	0	0	17
18	北九州市	10	0	8	2	0	0	0	0	0	10
19	福岡市	14	0	14	0	0	0	0	0	0	14
20	熊本市	23	1	10	12	0	0	0	0	0	23
	政令市計	844	117	581	105	30	11	401	247	154	1,245
1	函館市	13	0	11	2	0	0	0	0	0	13
2	旭川市	10	4	3	3	0	0	0	0	0	10
3	青森市	9	0	0	9	0	0	0	0	0	9
4	八戸市	16	9	4	3	0	0	0	0	0	16
5	盛岡市	10	0	8	2	0	0	0	0	0	10
6	秋田市	9	0	2	7	0	0	0	0	0	9
7	郡山市	5	0	0	5	0	0	0	0	0	5
8	いわき市	4	1	1	2	0	0	2	0	2	6
9	宇都宮市	12	2	10	0	0	0	0	0	0	12
10	前橋市	16	0	15	1	0	0	0	0	0	16
11	高崎市	15	0	12	3	0	0	0	0	0	15
12	川越市	24	9	14	1	0	0	0	0	0	24
13	越谷市	22	3	12	4	3	0	0	0	0	22
14	船橋市	8	0	1	7	0	0	14	0	14	22

No	自治体名	小計	一般型 3〜4日型	5日型	6〜7日型	出張ひろば	経過措置	小計	連携型 3〜4日型	5〜7日型	総計
15	柏市	21	0	15	6	0	0	1	0	1	22
16	八王子市	11	0	0	11	0	0	30	8	22	41
17	横須賀市	2	0	1	1	0	0	0	0	0	2
18	富山市	11	0	10	1	0	0	2	0	2	13
19	金沢市	12	0	9	3	0	0	0	0	0	12
20	長野市	17	7	6	2	0	2	0	0	0	17
21	岐阜市	6	1	5	0	0	0	0	0	0	6
22	豊橋市	9	3	5	1	0	0	1	1	0	10
23	岡崎市	11	9	2	0	0	0	0	0	0	11
24	豊田市	11	0	9	2	0	0	0	0	0	11
25	大津市	7	0	7	0	0	0	0	0	0	7
26	豊中市	19	0	16	1	2	0	0	0	0	19
27	高槻市	19	0	16	3	0	0	0	0	0	19
28	枚方市	13	5	8	0	0	0	0	0	0	13
29	東大阪市	23	1	17	5	0	0	0	0	0	23
30	姫路市	16	6	0	6	2	2	11	0	11	27
31	尼崎市	11	0	10	1	0	0	0	0	0	11
32	西宮市	20	6	13	1	0	0	0	0	0	20
33	奈良市	18	0	17	1	0	0	4	0	4	22
34	和歌山市	13	0	12	1	0	0	0	0	0	13
35	倉敷市	21	2	17	2	0	0	1	0	1	22
36	呉市	9	1	3	2	1	2	0	0	0	9
37	福山市	31	13	15	3	0	0	0	0	0	31
38	下関市	19	2	12	2	3	0	0	0	0	19
39	高松市	32	0	26	3	2	1	0	0	0	32
40	松山市	23	1	18	4	0	0	8	8	0	31
41	高知市	12	2	9	0	0	1	0	0	0	12
42	久留米市	12	1	1	10	0	0	0	0	0	12
43	長崎市	10	2	0	8	0	0	0	0	0	10
44	佐世保市	10	0	6	3	1	0	0	0	0	10
45	大分市	11	0	0	11	0	0	0	0	0	11
46	宮崎市	21	10	7	2	2	0	14	14	0	35
47	鹿児島市	14	0	5	7	0	2	3	0	3	17
48	那覇市	10	1	0	9	0	0	8	0	8	18
	中核市計	678	101	384	165	18	10	99	39	60	777

４．地域子育て支援拠点事業の実施状況　【対前年度】

○都道府県別

自治体名	28年度	29年度	増減
北海道	358	366	8
青森県	101	103	2
岩手県	86	86	0
宮城県	135	149	14
秋田県	61	60	▲1
山形県	97	99	2
福島県	102	112	10
茨城県	265	262	▲3
栃木県	100	98	▲2
群馬県	134	135	1
埼玉県	461	467	6
千葉県	312	320	8
東京都	414	467	53
神奈川県	253	265	12
新潟県	227	226	▲1
富山県	78	79	1
石川県	80	80	0
福井県	57	57	0
山梨県	68	68	0
長野県	156	160	4
岐阜県	120	120	0
静岡県	234	240	6
愛知県	345	360	15
三重県	120	124	4
滋賀県	92	89	▲3
京都府	264	266	2
大阪府	416	420	4
兵庫県	311	328	17
奈良県	72	79	7
和歌山県	54	56	2
鳥取県	48	43	▲5
島根県	42	42	0
岡山県	121	123	2
広島県	141	145	4
山口県	110	111	1
徳島県	47	51	4
香川県	91	93	2
愛媛県	83	87	4
高知県	41	42	1
福岡県	151	151	0
佐賀県	56	56	0
長崎県	106	115	9
熊本県	120	121	1
大分県	70	70	0
宮崎県	71	71	0
鹿児島県	98	102	4
沖縄県	94	95	1
総計	7,063	7,259	196

○都道府県別（一般市のみ）

自治体名	28年度	29年度	増減
北海道	240	244	4
青森県	77	78	1
岩手県	76	76	0
宮城県	82	88	6
秋田県	52	51	▲1
山形県	97	99	2
福島県	91	101	10
茨城県	265	262	▲3
栃木県	88	86	▲2
群馬県	103	104	1
埼玉県	357	357	0
千葉県	246	255	9
東京都	373	426	53
神奈川県	72	74	2
新潟県	169	167	▲2
富山県	66	66	0
石川県	68	68	0
福井県	57	57	0
山梨県	68	68	0
長野県	139	143	4
岐阜県	114	114	0
静岡県	166	171	5
愛知県	198	206	8
三重県	120	124	4
滋賀県	85	82	▲3
京都府	81	83	2
大阪府	197	198	1
兵庫県	121	131	10
奈良県	50	57	7
和歌山県	41	43	2
鳥取県	48	43	▲5
島根県	42	42	0
岡山県	72	74	2
広島県	86	88	2
山口県	91	92	1
徳島県	47	51	4
香川県	60	61	1
愛媛県	54	56	2
高知県	30	30	0
福岡県	115	115	0
佐賀県	56	56	0
長崎県	85	95	10
熊本県	97	98	1
大分県	60	59	▲1
宮崎県	36	36	0
鹿児島県	84	85	1
沖縄県	76	77	1
一般市計	5,098	5,237	139

○政令市別

自治体名	28年度	29年度	増減
札幌市	96	99	3
仙台市	53	61	8
さいたま市	59	64	5
千葉市	21	21	0
横浜市	112	119	7
川崎市	53	53	0
相模原市	14	17	3
新潟市	58	59	1
静岡市	19	20	1
浜松市	49	49	0
名古屋市	116	122	6
京都市	183	183	0
大阪市	109	108	▲1
堺市	38	40	2
神戸市	136	139	3
岡山市	27	27	0
広島市	16	17	1
北九州市	10	10	0
福岡市	14	14	0
熊本市	23	23	0
政令市計	1,206	1,245	39

- ・平成28年度　7,063か所
- ・平成29年度　7,259か所

　対前年度　196か所　増

○中核市別

自治体名	28年度	29年度	増減
函館市	13	13	0
旭川市	9	10	1
青森市	8	9	1
八戸市	16	16	0
盛岡市	10	10	0
秋田市	9	9	0
郡山市	5	5	0
いわき市	6	6	0
宇都宮市	12	12	0
前橋市	16	16	0
高崎市	15	15	0
川越市	23	24	1
越谷市	22	22	0
船橋市	22	22	0
柏市	23	22	▲1
八王子市	41	41	0
横須賀市	2	2	0
富山市	12	13	1
金沢市	12	12	0
長野市	17	17	0
岐阜市	6	6	0
豊橋市	9	10	1
岡崎市	11	11	0
豊田市	11	11	0
大津市	7	7	0
豊中市	19	19	0
高槻市	18	19	1
枚方市	13	13	0
東大阪市	22	23	1
姫路市	24	27	3
尼崎市	11	11	0
西宮市	19	20	1
奈良市	22	22	0
和歌山市	13	13	0
倉敷市	22	22	0
呉市	9	9	0
福山市	30	31	1
下関市	19	19	0
高松市	31	32	1
松山市	29	31	2
高知市	11	12	1
久留米市	12	12	0
長崎市	10	10	0
佐世保市	11	10	▲1
大分市	10	11	1
宮崎市	35	35	0
鹿児島市	14	17	3
那覇市	18	18	0
中核市計	759	777	18

5．地域子育て支援拠点事業の設置状況
【0歳～4歳人口千人当たりか所数】

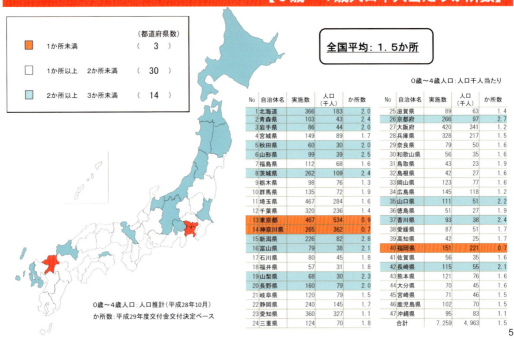

6．地域子育て支援拠点事業の設置状況　【都道府県・人口当たり】

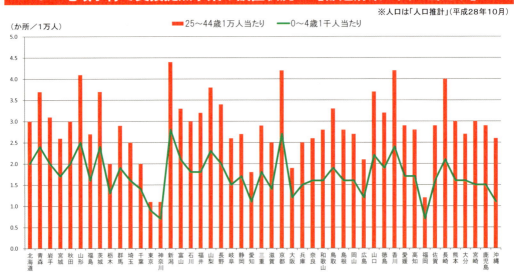

25歳～44歳の男女1万人当たり
　　全国ベース　2．3か所　（最多：新潟県　4．4か所、最少：神奈川県　1．1か所）

0歳～　4歳の男女1千人当たり
　　全国ベース　1．5か所　（最多：新潟県　2．8か所、最少：福岡県　0．7か所）

7．地域子育て支援拠点事業の実施状況　【運営主体別】

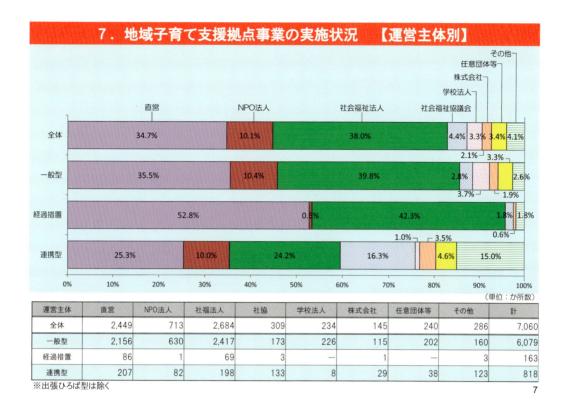

運営主体	直営	NPO法人	社福法人	社協	学校法人	株式会社	任意団体等	その他	計
全体	2,449	713	2,684	309	234	145	240	286	7,060
一般型	2,156	630	2,417	173	226	115	202	160	6,079
経過措置	86	1	69	3	―	1	―	3	163
連携型	207	82	198	133	8	29	38	123	818

※出張ひろば型は除く

8．地域子育て支援拠点事業の実施状況　【実施場所別】

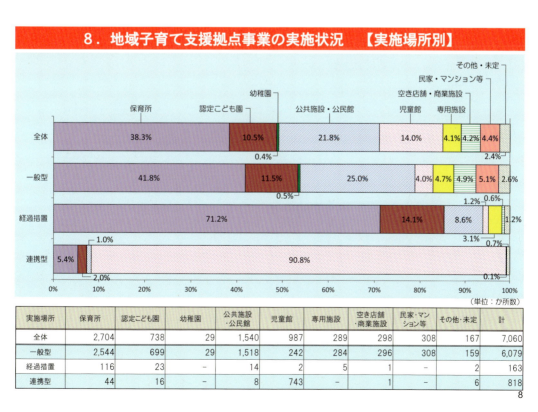

実施場所	保育所	認定こども園	幼稚園	公共施設・公民館	児童館	専用施設	空き店舗・商業施設	民家・マンション等	その他・未定	計
全体	2,704	738	29	1,540	987	289	298	308	167	7,060
一般型	2,544	699	29	1,518	242	284	296	308	159	6,079
経過措置	116	23	―	14	2	5	1	―	2	163
連携型	44	16	―	8	743	―	1	―	6	818

9. 地域子育て支援拠点事業の開催日数別実施状況　【事業類型別】

開催日数	3日	4日	5日	6日	7日
全体	1,055	284	4,221	1,269	231
一般型	705	227	3,931	1,028	188
経過措置	-	-	151	12	-
連携型	350	57	139	229	43

（単位：か所数）

開催日数	1日	2日	3日	4日	5日
出張ひろば	173	26	-	-	-

（単位：か所数）

全体：3日/週 14.9%、4日/週 4.0%、5日/週 59.8%、6日/週 18.0%、7日/週 3.3%
一般型：11.6%、3.7%、64.7%、16.9%、3.1%
経過措置：92.6%、7.4%
連携型：42.8%、7.0%、17.0%、28.0%、5.3%
出張ひろば：1日/週 86.9%、2日/週 13.1%

10. 地域子育て支援拠点事業の開催日数別実施割合　【一般型のみ】

○一般型　6,079か所（※出張ひろば・経過措置除く）の実施割合

3～4日型 932か所 15.3%　／　5日型 3,931か所 64.7%　／　6～7日型 1,216か所 20.0%

○都道府県別の実施割合

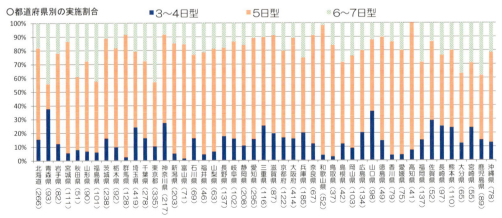

11. 地域子育て支援拠点事業の利用状況・職員の配置状況

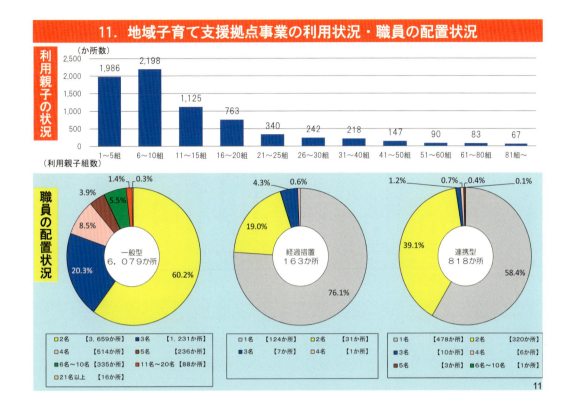

12. 地域子育て支援拠点事業の加算事業実施割合　【地域の子育て支援活動】

※1事業所で複数の加算事業を実施しているため、実施か所数合計と一致しない。

13. 地域子育て支援拠点事業の加算事業実施割合　【地域支援】

○地域支援の実施割合

実施か所 1,045か所	未実施か所 5,034か所
17.2%	82.8%

○都道府県別の実施割合

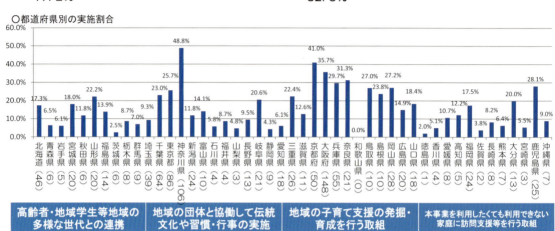

高齢者・地域学生等地域の多様な世代との連携	地域の団体と協働して伝統文化や習慣・行事の実施	地域の子育て支援の発掘・育成を行う取組	本事業を利用したくても利用できない家庭に訪問支援等を行う取組
656か所	431か所	664か所	243か所

※1事業所で複数の加算事業を実施しているため、実施か所数合計と一致しない。

地域子育て支援拠点事業の実施状況
（平成29年度交付決定ベース）

（表は省略）

※ 事業類型　①…一般型　②…連携型
※ 各事業類型の後の数字…実施箇所数
※ 都道府県名の下の〔〕の数字…市区町村数
※ 実施市町村数の下の（）の数字…実施率

地域子育て支援拠点事業の実施状況 （平成29年度交付決定ベース）

都道府県	実施市町村数	市町村							
福島県〔59〕	31 (52.5%)	福島市：①23	会津若松市：①23	郡山市：①5	いわき市：①4 ②2	白河市：①5	須賀川市：①6	喜多方市：①3	相馬市：①1
		二本松市：①5	田村市：①1	南相馬市：①1	伊達市：①6	本宮市：①1	国見町：①3	川俣町：①1	
		鏡石町：①1	天栄村：①1	下郷町：①1	南会津町：①3	猪苗代町：①2	会津坂下町：①1	会津美里町：①1	西郷村：①1
		棚倉町：①1	矢吹町：①1	鮫川村：①1	三春町：①1	新地町：①1	飯館村：①1		
茨城県〔44〕	44 (100%)	水戸市：①17	日立市：①19	土浦市：①6 ②3	古河市：①6	石岡市：①5	結城市：①2	龍ケ崎市：①5	下妻市：①3
		常総市：①7	常陸太田市：①5	高萩市：①3	北茨城市：①3	笠間市：①2	取手市：①4	牛久市：①10	つくば市：①8
		ひたちなか市：①14	鹿嶋市：①7	潮来市：①3	守谷市：①5	常陸大宮市：①7	那珂市：①5	筑西市：①7	坂東市：①3
		稲敷市：①5	かすみがうら市：①5	桜川市：①4	神栖市：①8	行方市：①7	鉾田市：①5	つくばみらい市：①8	小美玉市：①13
		八千代町：②2	五霞町：②2	大洗町：①1	城里町：①2	境町：①3	利根町：①1	美浦村：①2	阿見町：①2 / 河内町：①1
栃木県〔25〕	25 (100%)	宇都宮市：①7	足利市：①6 ②2	栃木市：①10	佐野市：①7	鹿沼市：①6	日光市：①3	小山市：①7	
		大田原市：①6	矢板市：①2	那須塩原市：①4	さくら市：①4	那須烏山市：①2	下野市：①3	上三川町：①2	益子町：①1
		茂木町：①1	市貝町：①1	芳賀町：①3	壬生町：①2	野木町：①2	塩谷町：①1	高根沢町：①3	那須町：①1
		那珂川町：①2							
群馬県〔35〕	23 (65.7%)	前橋市：①16	高崎市：①15	桐生市：①11	伊勢崎市：①6	太田市：①18	沼田市：①5	館林市：①5	渋川市：①9
		藤岡市：①11 ②4	富岡市：①5	安中市：①6	みどり市：①6	榛東村：①3	吉岡町：①1	中之条町：①3	草津町：①1
		昭和村：①1	みなかみ町：①5	玉村町：①3	明和町：①2	千代田町：②2	大泉町：②2	邑楽町：①2	
埼玉県〔63〕	63 (100%)	さいたま市：①64	川越市：①24	熊谷市：①18	川口市：①14 ②4	行田市：①7	秩父市：④2 ①1	所沢市：①14 ②11	飯能市：①6
		加須市：①7	本庄市：①9	東松山市：①4	春日部市：①7	狭山市：①3	羽生市：①4	鴻巣市：②4 ②4	深谷市：①16
		上尾市：①13	草加市：①7 ②1	越谷市：①22	蕨市：①3	戸田市：①11 ②2	入間市：①13	朝霞市：①8	志木市：①3
		和光市：①4	新座市：①13	桶川市：①4	久喜市：①7	北本市：①3	八潮市：①6	富士見市：①9	三郷市：①8
		蓮田市：①5 ②1	坂戸市：①6	幸手市：②2 ②1	鶴ヶ島市：①4 ②1	日高市：①2	吉川市：①3	ふじみ野市：①6	白岡市：①3
		伊奈町：①4	三芳町：①3	毛呂山町：①2	越生町：①1	滑川町：①1	嵐山町：①1	小川町：①2	川島町：①2
		吉見町：①1	鳩山町：①2	ときがわ町：①1	横瀬町：①2	皆野町：①1	長瀞町：①1	小鹿野町：①1	東秩父村：①1
		美里町：①1	神川町：①1	上里町：①1	宮代町：①2	宮代町：①3	杉戸町：①3	松伏町：①2	
千葉県〔54〕	48 (88.9%)	千葉市：①21	銚子市：①4	市川市：①14 ②4	船橋市：①8 ②14	館山市：①3	木更津市：①7	松戸市：①27	野田市：①8
		茂原市：①4	成田市：①7	佐倉市：①20	東金市：①3	旭市：①6	習志野市：①6	柏市：①21 ②1	勝浦市：②1
		市原市：①10 ②1	流山市：①14	八千代市：①7	我孫子市：①7	鴨川市：①4	鎌ケ谷市：①6 ②2	君津市：①4	富津市：①1
		浦安市：①11	四街道市：①12	袖ケ浦市：①4	八街市：①4	印西市：①19	白井市：①4	富里市：①2	南房総市：①1
		匝瑳市：①4	香取市：①5 ②1	山武市：①4	いすみ市：①3	大網白里市：①5	酒々井町：①2	栄町：①2	多古町：①1
		東庄町：①1	九十九里町：①1	芝山町：①1	横芝光町：①1	一宮町：①1	長柄町：①1	大多喜町：①1	御宿町：①1
東京都〔62〕	47 (75.8%)	千代田区：①7	中央区：①4	港区：①9 ②6	新宿区：①10 ②4	文京区：①6	台東区：①3	墨田区：①3 ②11	江東区：①5
		北区：①1	荒川区：①12 ②6	板橋区：①27	練馬区：①25	渋谷区：①17	中野区：①7	杉並区：④2 ②1	品川区：②5
		立川市：①7	武蔵野市：①4	三鷹市：①10	青梅市：①6	昭島市：①1	江戸川区：①11	調布市：①2 ②1	町田市：①19
		小金井市：①3 ②2	小平市：①6	日野市：①8 ②3	東村山市：①4	国分寺市：①5 ②1	福生市：①2 ③3	狛江市：①2	清瀬市：①7
		東久留米市：①2	武蔵村山市：①1	多摩市：①13 ②2	稲城市：①7	羽村市：①2 ②3	あきる野市：①3	西東京市：①7	足立区：①10 / 葛飾区：①10 / 八王子市：①11 ②30

※ 事業類型　①…一般型　②…連携型
※ 各事業類型の後の数字…実施箇所数
※ 都道府県名の下の〔　〕の数字…市区町村数
※ 実施市町村数の下の（　）の数字…実施率

地域子育て支援拠点事業の実施状況 （平成29年度交付決定ベース）

都道府県	実施市町村数	市町村							
神奈川県〔33〕	31 (93.9%)	横浜市：①119	川崎市：①27 ②26	相模原市：①14 ②3	横須賀市：①2	平塚市：①5	鎌倉市：①5	藤沢市：①8	小田原市：①4
		茅ヶ崎市：①5	逗子市：①3	三浦市：①1	秦野市：①7	厚木市：①2	大和市：①5	伊勢原市：①3	海老名市：①2
		座間市：①3	南足柄市：①1	綾瀬市：①3	葉山町：①1	寒川町：①2	二宮町：①2	中井町：①1	
		大井町：①1	松田町：①1	山北町：①1	開成町：①2	箱根町：①2	湯河原町：①1	愛川町：①1	
新潟県〔30〕	27 (90.0%)	新潟市：①47 ②12	長岡市：①34	三条市：①9	柏崎市：①11	新発田市：①8	小千谷市：①2	加茂市：①2	十日町市：①6
		見附市：①5	村上市：①3	燕市：①10	糸魚川市：①7	妙高市：①1 ②2	五泉市：①4	上越市：①27	阿賀野市：①6
		佐渡市：①7 ②1	魚沼市：②2 ①1	南魚沼市：①8	胎内市：①8	聖籠町：①1	弥彦村：①4	田上町：①1	阿賀町：②2
		出雲崎町：①1	湯沢町：①1	津南町：①1					
富山県〔15〕	15 (100%)	富山市：①11 ②2	高岡市：①3	魚津市：①2 ②3	氷見市：①7 ②1	滑川市：①2	黒部市：①4	砺波市：①8	小矢部市：①6
		南砺市：①9	射水市：①2	上市町：①2	立山町：①6	入善町：①1	朝日町：①2		
石川県〔19〕	18 (94.7%)	金沢市：①12	七尾市：①5 ②1	小松市：①4 ②1	輪島市：①3 ②1	珠洲市：①1	加賀市：①6	羽咋市：①2	かほく市：①3
		白山市：①12 ②3	能美市：①5	野々市市：①3	川北町：①1	津幡町：①1	志賀町：①1	宝達志水町：①2	
		中能登町：①2	能登町：①1						
福井県〔17〕	17 (100%)	福井市：①12 ①1	敦賀市：①5	小浜市：②1 ①1	大野市：①1	勝山市：①1	鯖江市：①3	あわら市：①1	越前市：①4
		坂井市：①6	永平寺町：①3	池田町：①1	南越前町：①2 ②1	越前町：①4 ②1	美浜町：①1	高浜町：①1	おおい町：①4
		若狭町：①3							
山梨県〔27〕	18 (66.7%)	甲府市：①19	富士吉田市：①7	都留市：①5	山梨市：①2	韮崎市：①5	南アルプス市：①5	北杜市：①7	甲斐市：②2 ②2
		笛吹市：①7	上野原市：①2	甲州市：①3	中央市：①2	市川三郷町：①2 ①1	富士川町：①2	昭和町：①2	西桂町：①1
		山中湖村：①1	富士河口湖町：①1						
長野県〔77〕	56 (72.7%)	長野市：①17	松本市：①25	上田市：①7 ②5	岡谷市：①3	飯田市：①12	諏訪市：①1	須坂市：①1	小諸市：①1
		伊那市：①3	駒ヶ根市：①3	中野市：①4	大町市：①2	飯山市：①1	茅野市：①2	塩尻市：①3	佐久市：①4
		千曲市：①2	東御市：①2	安曇野市：①3	小海町：①1	軽井沢町：①1	長和町：①1	富士見町：①1	高森町：①1
		辰野町：①2	箕輪町：①2	飯島町：①1	南箕輪村：①2	中川村：①1	宮田村：①1	松川町：①2	大鹿村：①1
		阿南町：①1	阿智村：①1	喬木村：①1	豊丘村：①1	上松町：①1	南木曽町：①1	木祖村：①1	大桑村：①1
		木曽町：①2	生坂村：①1	山形村：①1	朝日村：①1	筑北村：①1	松川村：②1	池田町：①1	飯綱町：①1
		小谷村：①1	坂城町：①1	小布施町：①1	高山村：①1	山ノ内町：①1	信濃町：①1	小川村：①1	
岐阜県〔42〕	40 (95.2%)	岐阜市：①6	大垣市：①8	高山市：①3	多治見市：①5	関市：①2	中津川市：①4	美濃市：①3	瑞浪市：①4
		羽島市：①4	恵那市：①5	美濃加茂市：①2	土岐市：②3	各務原市：①6	可児市：①3	山県市：①1	瑞穂市：①4
		飛騨市：①1	本巣市：①3	郡上市：①9	下呂市：①3	海津市：①7	岐南町：①1	笠松町：①1	北方町：①2
		垂井町：①2	神戸町：①1	輪之内町：②1	安八町：①1	揖斐川町：①1	大野町：①3	池田町：①1	北方町：①1
		坂祝町：①1	川辺町：①1	七宗町：①1	八百津町：①1	白川町：①1	東白川村：①1	御嵩町：①1	
静岡県〔35〕	33 (94.3%)	静岡市：①18 ②2	浜松市：①49	沼津市：①9	熱海市：①3	三島市：①9 ②3	富士宮市：①7	伊東市：①7	島田市：①8
		富士市：①13 ②1	磐田市：①11	焼津市：①7	掛川市：①13	藤枝市：①14	御殿場市：①9	袋井市：①5	下田市：①1
		南伊豆町：①1	西伊豆町：①2	湖西市：①1	伊豆市：①5	御前崎市：①5	菊川市：①5	伊豆の国市：①7	牧之原市：①4 / 東伊豆町：①1
		森町：①1	清水町：①6	長泉町：①3	小山町：①6	吉田町：①1	川根本町：①1		

※ 事業類型　①…一般型　②…連携型
※ 各事業類型の後の数字…実施箇所数
※ 都道府県名の下の〔　〕の数字…市区町村数
※ 実施市町村数の下の（　）の数字…実施率

地域子育て支援拠点事業の実施状況 （平成29年度交付決定ベース）

都道府県	実施市町村数	市町村							
愛知県 [54]	52 (96.3%)	名古屋市：①105 ②17	豊橋市：①9 ②1	岡崎市：①11	一宮市：①10	瀬戸市：①3 ②1	半田市：①3 ②1	春日井市：①7	豊川市：①1
		津島市：①2	碧南市：①10	刈谷市：①9	豊田市：①11	安城市：①8	西尾市：①15	蒲郡市：①3	犬山市：①3 ②7
		常滑市：①5	江南市：①3	小牧市：①1 ②5	稲沢市：①2 ②4	新城市：①1 ②1	東海市：①3	大府市：①2	知多市：①5
		知立市：①3	尾張旭市：①3	高浜市：①4	岩倉市：①1	豊明市：①3	日進市：①1	田原市：①2	愛西市：①7
		清須市：①5 ②8	北名古屋市：①3 ②10	弥富市：①3	みよし市：①5	あま市：①4	長久手市：①1	東郷町：①3	豊山町：②2
		大口町：①2	扶桑町：①2	大治町：①1	蟹江町：①2	阿久比町：①1	東浦町：①1	南知多町：①1	美浜町：①1
		武豊町：①2	幸田町：①1	東栄町：①1	豊根村：①1				
三重県 [29]	29 (100%)	津市：①15	四日市市：①19	伊勢市：①5	松阪市：①12	桑名市：①7	鈴鹿市：①10	名張市：①5	尾鷲市：①1
		亀山市：①5	鳥羽市：①1	熊野市：①1	いなべ市：①5 ②1	志摩市：①4	伊賀市：①8	木曽岬町：①1	東員町：①1
		菰野町：①2	朝日町：①1	川越町：①2	多気町：①1	明和町：①4 ②1	大台町：①1	玉城町：①1	度会町：①1
		大紀町：①1	南伊勢町：①1	紀北町：①3	御浜町：①1	紀宝町：①1			
滋賀県 [19]	19 (100%)	大津市：①7	彦根市：①3	長浜市：①6 ②2	近江八幡市：①8	草津市：①7	守山市：①2	栗東市：①4	甲賀市：①6
		野洲市：①3	湖南市：①6	高島市：①10	東近江市：①12	米原市：①1	日野町：①2	竜王町：①1	愛荘町：①3
		豊郷町：①1	甲良町：①1	多賀町：①1					
京都府 [26]	22 (84.6%)	京都市：①52 ②131	福知山市：①5	舞鶴市：①6	綾部市：①3	宇治市：①11	宮津市：①2	亀岡市：①6	城陽市：①4
		向日市：①3	長岡京市：①4	八幡市：①3	京田辺市：①3 ②1	京丹後市：①8	南丹市：①5	木津川市：①7	大山崎町：①1
		久御山町：①1	井手町：①1	宇治田原町：①1	和束町：①1	精華町：①3	与謝野町：①3		
大阪府 [43]	43 (100%)	大阪市：①108	堺市：①40	岸和田市：①9	豊中市：①19	池田市：①6	吹田市：①15	泉大津市：①7	高槻市：①19
		貝塚市：①5	守口市：①6	枚方市：①13	茨木市：①22	八尾市：①18	泉佐野市：①9	富田林市：①9	寝屋川市：①12
		河内長野市：①5	松原市：①9	大東市：①8	和泉市：①10	箕面市：①3	柏原市：①6	羽曳野市：①6 ②1	門真市：①2
		摂津市：①9	高石市：①4	藤井寺市：①5	東大阪市：①23	泉南市：①4	四條畷市：①3	交野市：①4	大阪狭山市：①3
		阪南市：①2	島本町：①2	豊能町：①1	能勢町：①1	忠岡町：①1	熊取町：①3	田尻町：①1	岬町：①1
		太子町：①1	河南町：①1	千早赤阪村：①1					
兵庫県 [41]	40 (97.6%)	神戸市：①21 ②118	姫路市：①16 ②11	尼崎市：①11	明石市：①6	西宮市：①20	芦屋市：①1	伊丹市：①8	相生市：①1
		豊岡市：①6	加古川市：①5	赤穂市：①1	西脇市：①4	宝塚市：①16	三木市：①3	高砂市：①2	川西市：①9
		小野市：①2	三田市：①4	加西市：①5	篠山市：①3	養父市：①2	丹波市：①6	南あわじ市：①1	朝来市：①1
		淡路市：①5	宍粟市：①4	加東市：①4	たつの市：①5 ②1	猪名川町：①3	多可町：①1	稲美町：①1 ②1	播磨町：①2
		市川町：①1	福崎町：①3	神河町：①1	太子町：①1	上郡町：①1	佐用町：①1	香美町：①3	新温泉町：①1
奈良県 [39]	30 (76.9%)	奈良市：①18 ②4	大和高田市：①4	大和郡山市：①8	天理市：①6	橿原市：①9	桜井市：①3	五條市：①1	御所市：①1
		生駒市：①7	香芝市：①4	葛城市：①1 ②2	宇陀市：①1	平群町：①1 ②2	三郷町：①2	斑鳩町：①1	安堵町：①1
		川西町：①1	三宅町：①1	田原本町：①3	御杖村：①1	高取町：①1	上牧町：①2	王寺町：①2	
		広陵町：①1	河合町：①1	大淀町：①1	下市町：①1	十津川村：①1	川上村：①1		
和歌山県 [30]	25 (83.3%)	和歌山市：①13	海南市：①3	橋本市：①6	有田市：①1 ②2	御坊市：①1	田辺市：①1	新宮市：①2	紀の川市：①4
		岩出市：①2	紀美野町：①1	かつらぎ町：①1	高野町：①1	湯浅町：①1	広川町：①1	有田川町：①1	美浜町：①1
		日高町：①1	由良町：①1	印南町：①1	みなべ町：①1	日高川町：①2	白浜町：①3	那智勝浦町：①1	古座川町：①1
		串本町：①4							
鳥取県 [19]	19 (100%)	鳥取市：①14	米子市：①5	倉吉市：①2	境港市：①1	岩美町：①1	若桜町：①1	智頭町：①1	八頭町：①1
		三朝町：①1	湯梨浜町：①1	琴浦町：①3	北栄町：①1	日吉津村：①1	大山町：①2	南部町：①1	伯耆町：①1
		日南町：①1	日野町：①1	江府町：①1					

※ 事業類型　①…一般型　②…連携型
※ 各事業類型の後の数字…実施箇所数
※ 都道府県名の下の〔　〕の数字…市区町村数
※ 実施市町村数の下の（　）の数字…実施率

地域子育て支援拠点事業の実施状況 （平成29年度交付決定ベース）

都道府県	実施市町村数	市町村							
島根県 [19]	18 (94.7%)	松江市：①8	浜田市：①2	出雲市：①7	益田市：①1	大田市：①1	安来市：①2	江津市：①3	雲南市：①4
		奥出雲町：②2	川本町：①1	美郷町：①1	邑南町：①2	津和野町：①2	吉賀町：①1	海士町：①1	西ノ島町：①1
		知夫村：①1	隠岐の島町：①2						
岡山県 [27]	26 (96.3%)	岡山市：①22 ②6	倉敷市：①21 ②1	津山市：①6	玉野市：①3 ②1	笠岡市：①4 ②1	井原市：①4	総社市：①9	高梁市：①1
		新見市：①1	備前市：①7	瀬戸内市：①5	赤磐市：①3	真庭市：①4	美作市：①2	浅口市：①3	和気町：①2
		早島町：①1 ②1	里庄町：①1	矢掛町：①2	新庄村：①1	鏡野町：①2	勝央町：①1	奈義町：①1	西粟倉村：①1
		美咲町：①5	吉備中央町：①2						
広島県 [23]	23 (100%)	広島市：①17	呉市：①6	竹原市：①12	三原市：①12	尾道市：①6	福山市：①31	府中市：①4	三次市：①7
		庄原市：①4	大竹市：①3	東広島市：①22	廿日市市：①3	安芸高田市：①2	江田島市：①1	府中町：①2 ②2	海田町：①3
		熊野町：①1	坂町：①1	安芸太田町：①1	北広島町：①2	大崎上島町：①1	世羅町：①3	神石高原町：①2	
山口県 [19]	17 (89.5%)	下関市：①19	宇部市：①7	山口市：①24	萩市：①1 ②1	防府市：①8	下松市：①5	岩国市：①8	光市：①1
		長門市：①5	柳井市：①1	美祢市：①2	周南市：①11	山陽小野田市：①5	周防大島町：①3	田布施町：①1	平生町：①1
		阿武町：②1							
徳島県 [24]	21 (87.5%)	徳島市：①9	鳴門市：①6	小松島市：①3	阿南市：①3	吉野川市：①2	阿波市：①4	美馬市：①3	三好市：①1
		勝浦町：①1	石井町：①2	神山町：①1	那賀町：①1	牟岐町：①1	美波町：①1	松茂町：①1	北島町：①1
		藍住町：①1	上板町：①1	つるぎ町：①1	東みよし町：①1				
香川県 [17]	16 (94.1%)	高松市：①32	丸亀市：①12	坂出市：①4	善通寺市：①5	観音寺市：①12	さぬき市：①4	東かがわ市：①4	三豊市：①6
		土庄町：①1	小豆島町：①2	三木町：①2	宇多津町：①2 ②1	綾川町：①1	琴平町：①1	多度津町：①3	まんのう町：①1
愛媛県 [20]	18 (90.0%)	松山市：①23 ②8	今治市：①8	宇和島市：①5	八幡浜市：①2	新居浜市：①6	西条市：①6	大洲市：①2	伊予市：①1
		四国中央市：①6	西予市：①1	東温市：①3	久万高原町：①2	松前町：①1	砥部町：①3	内子町：①1	松野町：①1
		鬼北町：①1	愛南町：①3						
高知県 [34]	19 (55.9%)	高知市：①12	室戸市：①1	安芸市：①1	南国市：①5	土佐市：①2	須崎市：①2	宿毛市：①1	土佐清水市：①1
		四万十市：①2	香南市：①3	香美市：①2	土佐町：①1	いの町：①1	仁淀川町：①1	中土佐町：①1	佐川町：①1
		越知町：①1	日高村：①1	四万十町：①1					
福岡県 [60]	58 (96.7%)	北九州市：①10	福岡市：①14	大牟田市：①2	久留米市：①12	直方市：①6	飯塚市：①5	田川市：①1	柳川市：①4
		八女市：①4	筑後市：①3	大川市：①1	行橋市：①5	豊前市：①1	中間市：①2	小郡市：①5	筑紫野市：①3
		春日市：①4	大野城市：①1	宗像市：①2	太宰府市：①5	古賀市：①2 ②3	福津市：①3	うきは市：①2	宮若市：①1
		嘉麻市：①3	朝倉市：①4	みやま市：①2	糸島市：①5	那珂川町：①3	宇美町：①1	篠栗町：①1	志免町：①1
		須恵町：①2	新宮町：①2	久山町：①1	粕屋町：①2	芦屋町：①1	水巻町：①2	岡垣町：①1	遠賀町：①2
		小竹町：①1	鞍手町：①2	桂川町：①1	筑前町：①1	大刀洗町：①1	大木町：①1	広川町：①1	香春町：①1
		添田町：①1	糸田町：①1	川崎町：①1	大任町：①1	福智町：①1	苅田町：①1	みやこ町：①3	吉富町：①1
		上毛町：①1	築上町：①1						
佐賀県 [20]	14 (70.0%)	佐賀市：①13 ②3	唐津市：①15	鳥栖市：①10	多久市：①1	伊万里市：①1	武雄市：①1	鹿島市：①1	小城市：①3
		嬉野市：①1	神埼市：①1	吉野ヶ里町：①2	基山町：①1	みやき町：①2	白石町：①1		
長崎県 [21]	21 (100%)	長崎市：①10	佐世保市：①10	島原市：①7 ②1	諫早市：①11	大村市：①11	平戸市：①1	松浦市：①6	対馬市：①1
		壱岐市：①4	五島市：①4	西海市：①3 ②1	雲仙市：①7	南島原市：①5	長与町：①3 ②4	時津町：①1 ②4	東彼杵町：①1
		川棚町：①1	波佐見町：①1	小値賀町：①1	佐々町：①1	新上五島町：①2			

※ 事業類型　①…一般型　②…連携型
※ 各事業類型の後の数字…実施箇所数
※ 都道府県名の下の〔　〕の数字…市区町村数
※ 実施市町村数の下の（　）の数字…実施率

地域子育て支援拠点事業の実施状況 （平成29年度交付決定ベース）

都道府県	実施市町村数	市町村							
熊本県〔45〕	39 (86.7%)	熊本市 :① 23	八代市 :① 9	人吉市 :① 1	荒尾市 :① 3	水俣市 :① 1	玉名市 :① 5 ② 1	山鹿市 :① 6	菊池市 :① 6
		宇土市 :① 4	上天草市 :① 5	宇城市 :① 7	阿蘇市 :① 2	天草市 :① 9	合志市 :① 4	美里町 :① 2	玉東町 :① 1
		南関町 :① 1	長洲町 :① 1	和水町 :① 2	大津町 :① 2	菊陽町 :① 4	南小国町 :① 1	小国町 :① 1	産山村 :① 1
		高森町 :① 2	西原村 :① 1	南阿蘇村 :① 1	御船町 :① 1	嘉島町 :① 1	益城町 :① 1	甲佐町 :① 1	山都町 :① 2
		氷川町 :① 1	芦北町 :① 1	錦町 :① 1	多良木町 :① 3	水上村 :① 1	球磨村 :① 1	苓北町 :① 1	
大分県〔18〕	18 (100%)	大分市 :① 11	別府市 :① 6	中津市 :① 6	日田市 :① 3	佐伯市 :① 6	臼杵市 :① 4	津久見市 :① 1	竹田市 :① 3
		豊後高田市 :① 3	杵築市 :① 3	宇佐市 :① 6 ② 1	豊後大野市 :① 5	由布市 :① 4	国東市 :① 4	姫島村 :① 1	日出町 :① 1
		九重町 :① 1	玖珠町 :① 1						
宮崎県〔26〕	20 (76.9%)	宮崎市 :① 21 ② 14	都城市 :① 5	延岡市 :① 4	日南市 :① 4	小林市 :① 3	日向市 :① 2	串間市 :① 2	西都市 :① 1
		えびの市 :① 1	三股町 :① 1	高原町 :① 1	国富町 :① 1	綾町 :① 1	高鍋町 :① 1	新富町 :① 3	木城町 :① 1
		川南町 :① 1	門川町 :① 2	高千穂町 :① 1	五ヶ瀬町 :① 1				
鹿児島県〔43〕	37 (86.0%)	鹿児島市 :① 14 ② 3	鹿屋市 :① 7	枕崎市 :① 2	阿久根市 :① 2	出水市 :① 2	指宿市 :① 2	西之表市 :① 1	垂水市 :① 1
		薩摩川内市 :① 8	日置市 :① 4	曽於市 :① 1	霧島市 :① 9	いちき串木野市 :① 1	南さつま市 :① 2	志布志市 :① 2	奄美市 :① 1
		南九州市 :① 1	伊佐市 :① 4	姶良市 :① 6	三島村 :① 1 ② 2	十島村 :① 1	さつま町 :① 1	長島町 :① 1	湧水町 :① 2
		大崎町 :① 1	東串良町 :① 1	錦江町 :① 1	南大隅町 :① 1	肝付町 :① 1	中種子町 :① 1	南種子町 :① 1	瀬戸内町 :① 1
		喜界町 :① 1	徳之島町 :① 1	和泊町 :① 1	知名町 :① 2	与論町 :① 1			
沖縄県〔41〕	27 (65.9%)	那覇市 :① 10 ② 8	宜野湾市 :① 8	石垣市 :① 1	浦添市 :① 7	名護市 :① 4 ② 1	糸満市 :① 5	沖縄市 :① 6	豊見城市 :① 2
		うるま市 :① 8	宮古島市 :① 5	南城市 :① 2	国頭村 :① 1	本部町 :① 1	恩納村 :① 1	宜野座村 :① 1 ② 1	金武町 :① 1
		読谷村 :① 3	嘉手納町 :① 1	北谷町 :① 2	北中城村 :① 1	中城村 :① 3	西原町 :① 2	与那原町 :① 4	南風原町 :① 3
		南大東村 :② 1	久米島町 :① 1	八重瀬町 :① 1					

※ 事業類型 ①…一般型 ②…連携型

※ 各事業類型の後の数字…実施箇所数

※ 都道府県名の下の〔 〕の数字…市区町村数

※ 実施市町村数の下の（ ）の数字…実施率

資料

支援拠点

19

■編著者紹介

浅井　拓久也（あさい　たくや）
秋草学園短期大学准教授。専門は保育学、幼児教育学。企業内研究所の主任研究員や大学、短期大学の専任講師を経て現職。著書に『マンガでわかる！保育所保育指針　2017年告示対応版』（中央法規出版）などがある。

湊　照代（みなと　てるよ）
NPO法人ふれあいサポートちゃてぃず代表理事。2000年親子が気軽に集える場を子育て中の主婦仲間とボランティアで始める。子育て支援、子ども体験活動を中心とし、2003年NPO法人化。2011年備前市より「地域子育て支援拠点」2か所受託。2017年岡山県より「地域子育て支援拠点事業現任研修」受託他。
備前市子ども・子育て会議委員。

子育て支援の専門家　―利用者支援専門員の手引き―

2018年6月20日　初版発行

著者	浅井　拓久也　　湊　照代
イラストレーター	はらだ　ゆき
協力	NPO法人ふれあいサポートちゃてぃず
発行	湊照代 〒701-3204 岡山県備前市日生886-11 TEL 0869-72-9088　FAX 0869-72-9166
発売	吉備人出版 〒700-0823 岡山県岡山市北区丸の内2丁目11-22 TEL 0869-235-3456　FAX 086-234-3210 ホームページ http://www.kibito.co.jp Eメール books@kibito.co.jp
印刷	株式会社三門印刷所
製本	株式会社岡山みどり製本

ISBN978-4-86069-554-5 C0037